福辺 節子 著

中央法規

はじめに

　『福辺流　力のいらない介助術』から 8 年、「力を引き出す介助」は多くの方々からの支えを得て、より深く広いものになりました。

　フリーになり訪問リハを始めたのが 1992 年、「もう一歩踏み出すための介助セミナー」はその翌年からのスタートなので、私がセミナーを始めてから 25 年が経ちます。

　25 年前にはなかなか理解されなかった「力を引き出す」という考えは、自立支援型のケアという形で政府の政策課題として取り上げられるところまできました。セミナーの当初から現在に至るまで「介助される人が動く」「すべての人が動く力をもっている」という介助に対する私のコンセプトは変わっていません。

　医療においても介護においても、目の前の人を援助するときに援助側が理解しておかなければならないものに、援助される人が「どんな人なのか」ということがあります。その中で最も大事なことは、その人が「何を望んでいるか」です。

　病気を治す、延命、疼痛の緩和、機能の改善、ADL の向上、これらは重要ですが最終目的ではありません。真の目的を叶えるための手段や通過目標です。真の目的は患者や障害をもった人が「どう生きたいか」であり、真にその人が望んでいるものをその人と一緒に探り出す作業が、医療・介護であり、リハビリテーションです。

　私たちは自分自身が本当は何を望んでいるのかさえわかっていない存在です。そんな私たちが他人のそれをわかろうなどとは実に無謀で僭越な試みです。

　でも、私たちが目の前の人の「どんな人生を送りたいのか」「これからどう生きていくのか」「どんな目的をもって生を全うするのか」という心の奥の声を聞こうとするとき、実は自分自身のそれを探り続けるために自分自身を見つめ直す作業をしているのだと思います。だからこそ、その行為が許されているのだろうと私は思っています。

　その人が思うその人らしい人生を送ることを「尊厳」と言い換えてもよいかもしれません。また、他人の手を借りないで何かができることを「自立」や「自由」と呼びます（完全な自立などはありえないのですが）。

　その人らしい毎日を送りたくてもその人だけの力ではどうにもできないときに、できるようにサポート（下支え）するのが、医療や介護やリハビリテーションです。

　的確なサポートがなされたときにサポートを受けた人は、「自分でやった」という達成感を感じることができます。的確なサポートとは、援助される人がちょうど欲しい分だけ、言い換えれば、本当にできないところだけ、必要なところだけを援助することをいいます。

　「できた」という体験の積み重ねがやりがいや意欲を生み、人は自身と世界の存在を認める

ことができるのです。そしてそれは、サポートを受けた側だけでなく、サポートした側にも同様の働きかけをします。

「力を引き出す介助」は介助として表現されているだけで、医療や介護やリハビリテーション（その他すべての援助を目的とした作業）と共通の理念で動いています。共通の理念とは、対等な人としての被援助者と援助者、相手を見つめ自分自身を見つめること、一人ひとりが特別であること、たとえ表面的にはどんな人間であっても、その人の中には人を愛し真理に近づこうという思いがあること、などです。

この本は、援助する人だけでなく、援助される人（双方を分けるものは実はないのですが）にも読んでいただきたいと思っています。

セミナー受講生や一緒に利用者さんをみた介護・医療スタッフ、関わらせていただいた利用者やご家族、いろんな形で支援してくださってきた多くの方々のお陰で、この介助は日々進化してきました。

これまでの集大成として福辺流介助術第2弾が出版できたことに感謝します。そして1日も早くこの介助が福辺流ではなく世界のスタンダードの介助となることを願っています。

福辺　節子

はじめに

序章　事例（体験談、現場の声）
　　体験者の声 …………………………………………………………………… 2
　　「確認はとれていますか？」 ………………………………………………… 4
　　介助術で実感した母の生命力、共有できた自立の喜び …………………… 6
　　福辺先生への手紙（Tさんの事例） ………………………………………… 9

第1章　力と意欲を引き出す介助とは？

1　介助とは …………………………………………………………………… 12
　　介助をする人 ………………………………………………………………… 12
　　介助の習得には繰り返しの練習が必要 …………………………………… 13
2　これまでの介助との違い ………………………………………………… 13
　　行為の主体は介助される人 ………………………………………………… 13
　　介助の常識の間違い ………………………………………………………… 14
3　すべての人に対応できる介助 …………………………………………… 15
4　動き（働き）と能力 ……………………………………………………… 15
5　刺激（介助）に対する反応としての被介助者の反応（動き） ……… 16
　　刺激（介助者の感覚入力）と反応（被介助者の運動出力） …………… 16
6　入力刺激としての感覚（知覚） ………………………………………… 16
7　この介助のメリット ……………………………………………………… 17
　　①　不必要な力がいらない ………………………………………………… 17
　　②　安全 ……………………………………………………………………… 18
　　③　痛みがない・拒否がない ……………………………………………… 18
　　④　機能維持が可能 ………………………………………………………… 18
8　被介助者への影響 ………………………………………………………… 19
9　介助者への影響 …………………………………………………………… 20

10	対象者の力を引き出すために	21
	介助される人の力を引き出すための5つの基本	21
11	5つの基本①　できることを知る＜①－1 真意は何か＞	21
	被介助者の真のニーズを探る	22
12	5つの基本①　できることを知る＜①－2 細かく見る＞	23
	やりすぎ・やらなさすぎの介助の弊害	23
	不適切な介助の原因	23
	介助における具体的な"できること・できないこと"の見方（動作観察の方法）	24
13	5つの基本②　対象者を感じる	26
14	5つの基本③　人間のもつ自然な反応を利用する	26
15	5つの基本④　私たちの日常の動きに添った介助をする	28
16	5つの基本⑤　ていねいな介助　その1　声かけ	29
	＜声かけの基本＞介助される人の動きを引き出すために	30
17	5つの基本⑤　ていねいな介助　その1　声かけ＜声かけ実技編＞	33
	(1) 距離	34
	(2) 角度	34
	(3) 順序と間隔	34
	(4) 伝え方	35
	(5) 目を見る	35
	(6) 必要最小限の声かけをする	36
	(7) お願いする	36
18	5つの基本⑤　ていねいな介助　その2　支え	37
19	5つの基本⑤　ていねいな介助　その3　動きの伝え方	37

第2章　介助の基本

1	「構え」の練習	40
2	「支え」の練習　①両手での支え	41
	支えの際の筋の使い方	42

3	「支え」の練習　②片手での支え	43
4	「触れる」	46
5	「動きの伝え方」の練習	47
	立ち直り反応を使った重心移動	47

第3章 立ち上がりの介助

1	立ち上がりの準備姿勢	54
2	動きのパターンを体で感じる	62
	相手の動きのパターンに合わせる練習	62
	一般的な立ち上がり	64
3	基本の立ち上がり	65
	基本の立ち上がり	66
4	基本の座り	70
	座るときの準備姿勢	70
	座るときの介助	71
5	体幹を支えた立ち上がりと座り	73
	膝を支点に、角度を保ったまま立ち上がる	73
	体幹を支えた立ち上がり	74
	体幹を支えた座り	79
6	体格差がある人への立ち上がり介助	82
	体格差がある人への介助　立ち上がり	82
	体格差がある人への介助　座る	85
7	つっぱる人の立ち上がりと座り	87
8	脇を支えての立ち上がり	88
	支える練習	88
	脇を支えての立ち上がり	88
	脇を介助して座る	92
9	「介助バー」があれば、できることがぐんと増える	94

第4章 寝返り

1. **寝返りには、その人のパターンがある** ……………………………………… 96
2. **自分で動く** …………………………………………………………………… 96
3. **寝返りの準備姿勢** …………………………………………………………… 97
   - まっすぐに寝る ……………………………………………………………… 97
   - ベッド幅にゆとりをもたせる ……………………………………………… 98
   - ベッド柵を外す ……………………………………………………………… 100
4. **基本の寝返り** ………………………………………………………………… 100
   - 基本の寝返り ………………………………………………………………… 100
   - 仰臥位に戻る ………………………………………………………………… 104
5. **片マヒの寝返り** ……………………………………………………………… 104
   - 体の歪みを直す ……………………………………………………………… 105
6. **マヒ側への寝返り** …………………………………………………………… 109
   - マヒ側への寝返り …………………………………………………………… 109
   - 仰臥位に戻る ………………………………………………………………… 112
7. **非マヒ側（健側）への寝返り** ……………………………………………… 114
   - 健側への寝返り ……………………………………………………………… 114
   - 仰臥位に戻る ………………………………………………………………… 118
8. **弛緩性マヒ** …………………………………………………………………… 119
   - 弛緩性マヒの寝返り ………………………………………………………… 120
   - 仰臥位に戻る ………………………………………………………………… 122
   - 膝が曲がらない場合の寝返り ……………………………………………… 123

第5章 ベッド上での移動

1. **ベッド上で動くことができれば人生が変わる** …………………………… 126
2. **ベッド上で動くための基本は「お尻上げ」** ……………………………… 126
   - お尻上げの介助 ……………………………………………………………… 126
3. **ベッド上で上下左右に移動する** …………………………………………… 130

お尻を右に移動する ································· 130
　　上に上がる ··· 131
　　足元に下がる ······································· 133
　　横からの介助（応用編） ····························· 134

第6章 起き上がり

1. "起き上がり"は、座位、立ち上がりのための重要な準備 ········· 138
2. 肘をついて起きると座位が保てる ························· 138
3. 一般的な起き上がりの例「左への起き上がり」··············· 138
4. 起き上がり介助 ··· 140
　　起き上がりの準備の姿勢 ····························· 140
5. 座位から仰臥位へ ······································· 148
　　一般的な例「座位から仰臥位へ」······················· 148
　　座位から仰臥位へ ··································· 149
6. 長座位への起き上がり ··································· 154
7. 長座位から仰臥位に戻る ································· 156
　　後ろからの介助 ····································· 158
8. その他の起き上がり（ギャッジアップ利用）··············· 159

第7章 座位のとり方

1. "座る"とは ·· 162
2. 基本の座位姿勢 ··· 162
　　基本の座位を保つ ··································· 163
　　座位の崩れを防ぐには ······························· 163
　　足底を地面につける ································· 164
3. 足台をもっと使いこなそう ······························· 164
　　足台のいろいろ ····································· 166

4	スタンダードの車いすは運搬用	166
5	その人に合った車いすを	167

第8章 移乗

1	自立した移乗	170
	ベッド→車いすの移乗	170
	車いす→ベッドの移乗	172
	介助バーを使っての移乗	173
2	脇を介助しての移乗	175
	脇を介助しての移乗	175
3	ベッドから車いすへの移乗（体幹を支えて）	177
4	後方からの介助による移乗	183
	後方から介助して移乗	183
	応用　－2人で移乗介助する－	186

第9章 歩行の介助

1	歩行介助の基本	190
2	歩行の介助（前方から両肘での介助）	190
3	一本杖（T-cane）の介助	193
4	歩行車・歩行器・シルバーカーでの歩行の介助	196

序章

事例
（体験談、現場の声）

体験者の声

この介助を実践した方々から寄せられたさまざまな声を紹介します。

> 抱えて移乗し、オムツ対応していた。軽介助で移乗できることもわかり、今では面会に来た家族様に「トイレに行けるようになってんや」と嬉しそうに言われる。
> 女性／介護福祉施設勤務

> 新たな介助方法で行うとSさん自身も嬉しそうな表情を見せてくれるので、私もとても嬉しい気持ちになった。
> 女性／介護職員

> ご利用者から声をかけてくださることが増え、関わりがより多くなったことで、自分も笑うことが多くなった気がする。
> 男性／介護職員

> 介助の方法で対象者の今後の経過が大きく変わるかもしれない、ということが実際に現場で実践したなかでわかった。
> 女性／病院勤務

> ケア時の拒否が少なくなった。表情が穏やかになった。動作が以前よりスムーズになった。
> 女性／看護師

> ベッドでの臥床が多かったが、車いす自走が可能となり、病棟内を移動し笑顔が増え、スタッフと話すことも多くなった。
> 男性／PT

> やり遂げる喜びを利用者様と分かち合うことができ、それがまた新しいことへの挑戦につながっていると感じる。
> 女性／介護職員

> 改善していく様子が手に取るように実感でき、これから改善していくことの喜びが意欲にもつながりました。
> 女性／介護福祉施設勤務

> 自分の接し方が変わると周りの介助者にも大きな変化がみられた。一人の介助が変わることは多くの人の変化を生み出すきっかけになることを実感しました。
> 男性／老人福祉施設勤務

> 私の職場の利用者さんはほとんどの人が自分で出来る人だというふうに思うようになった。
> 女性／グループホーム勤務

> 今まで出来てこなかった間に会ってしまった利用者さん、「ごめんなさい」。
> 女性／介護職員

序章 事例（体験談、現場の声）

> 車いすで全介助だった利用者さんが歩行介助で隣の部屋まで歩けた。感動した。
> 女性／介護職員

> いろいろな介助を勉強したけれど、こんなに優しい介助があったのか！と思った。
> 男性／OT

> 楽しかった！ 難しかった！ もっと早く知りたかった。
> 女性／グループホーム勤務

> 私の特養で福辺流を実践させていただき、認知症であきらめていた人に特に効果がありました。
> 男性／介護福祉施設職員

> 初めて介護に対して本当に嬉しい気持ち、喜びの気持ちを味わった。
> 女性／介護職員

> 今まで抱えて力を使っていたのがウソのように楽にでき、利用者さまも「このほうが良いな。痛くないし」とおっしゃられました。
> 女性／老人保健施設勤務

> 利用者さんたちがやればできること、また、やろうとする意欲が強いことに驚いた。
> 女性／PT

> 今まで力任せで、なんてしんどい介助をしていたのだろうと思った。
> 女性／ホームヘルパー

> 脚の拘縮があり、曲げることが困難だった利用者の膝が毎日少しずつ曲がっていく様子を見て、自分自身の介助が積極的になりました。
> 男性／介護職員

> 利用者さんからのキツイ言葉がなくなり、「ありがとう」「私は重いですまんな」とねぎらいの言葉をかけてくれるようになった。
> 女性／グループホーム勤務

> それまで一度も見たことのない笑顔で笑ってくれた。涙が出るほど嬉しかった。
> 女性／介護職員

> 時間をゆっくりかけている感覚なのに終わる時間は早くなり驚きでした。
> 女性／介護老人福祉施設勤務

「確認はとれていますか？」

銀ちゃんの家　葉賀　由美子

　福辺先生の研修で言われた。「声かけしていますか？」。

　うちの職員は自信満々に声をそろえて"イエス！""「じゃあこちらに出てきていつも通りにしてください」。職員A子はやや緊張気味ではあるがいつもしている通りに声をかけていた。と、そのとき「確認はとれていますか？」。皆は「えっ何？　何の確認？　認知症の人だよ」。いきなり動いてもらうようなことはしていなかったものの、声をかけてから確認をしたかといわれれば不確かな要素が大いにあった。先生の講義では、「お年寄りに動いてもらうためには、お年寄りがこれからすることを理解できていなければ」と、いつも言われている。

　改めて注意されると、納得はしているのだが、相手は認知症の方。先生の言われていることが「銀ちゃんの家でどこまで通用するのだろう」と内心思いつつも、「研修は研修」とその場は思うことにした。

　研修ではレポートを後日に提出することになっているので、職員全員にレポート用紙を配った。

　理解できないところがあるらしく、週1回の学習会の場で、どういうことかわからないという声が出た。職員たちは、声かけはしているし、納得していただいてからトイレや入浴などに行っていただいていると言う。ここ数年、職員の高齢化に伴い若い職員に総替わりしている。若い職員はパワーはあるものの生活経験・人生経験ともに未熟なため、いきなりお年寄りと接することに違和感や戸惑いを感じてもいるだろう。が、利用者さん側にすればどの職員も「銀ちゃんの家」の職員であり、未熟さなど関係ない。とにかく自分が一番気になっている利用者1人を選んで、研修で学んだことを実践してみようということになった。

　そこでまた、質問が出た。「確認するにはどうしたらよいのか？」「認知症があるので理解できないのでは？」

　少なからずそのような思いを残しつつも、とりあえず"自分がお年寄りの視野や世界に入っていることを感じてから声をかける"、また、相手に伝わっているとこちらの思い込みで判断しないで、その方の生活習慣や言語習慣、方言や理解度などに配慮し、伝わりやすい方法で声かけをする。この2つに注意した介助で1、2か月実施することとした。

　利用者さんとの信頼関係は日頃培っていたため、話し方を工夫し、理解できているか確認することで、すぐに利用者さんの反応が変わってきたという。

　学習会で職員がそれぞれ発表する。「今まであまり話さなかった方が話されるようになった」「会話がこちらからの一方通行だったことに気づいた」「利用者さんからも言葉や反応が返ってくるようになった」。Tさんのご主人からも「妻がありがとうと言った」と満面の笑みをたたえて言われたと報告する。伝達ではなく、お話をして聞いてもらえる姿勢のあることが利用者

さんにわかっていただけたのかもしれない。こちらが、一方的にしていることと、解っていただけていることでは大きな差がある。

　その方に解る話し方をするには、相手との位置関係・目線・現在の情況等を配慮したうえで、なおかつ、伝わっているかどうかの確認、了解していただいているかどうかの確認が必要だった。何を聞かれているか解らなければ、返事も反応も、動くこともできないということだったのではないだろうか。

　認知症があろうとなかろうと、本来できることは自分でするのが当たり前である。できていないときに手伝う。今できていなくても後からならできることもある。こちらからの声かけ、働きかけ、その1つひとつを理解していただいているかどうかを確認することが大切であると、考えさせられ了解した。

　私たちの本来の仕事は通訳のようなことかもしれない。異国の言葉が通じない方に通訳して言葉を伝えるように、認知能力の落ちた方に解るような話し方や伝え方を以って理解していただくことだろう。理解できれば日常生活がスムーズにできる。私たちは保護者ではなく、サポーターであればよい。

　これらのことを基本とし、相手の意思を尊重し、望んでいることに支援できる、そんな当たり前のことが当たり前にでき、相手不在の介護にならないよう実践していきたい。

介助術で実感した母の生命力、共有できた自立の喜び

在宅看護研究センターおおさか代表・メッセンジャーナース　中村　義美

1 くも膜下出血の発症、その後の医療過誤で何度も危機に

　前置きにしては、長い話になるが、福辺流と出会うまでの母を知っていただきたい。

　介護保険が始まった2000年4月3日、母は、くも膜下出血で倒れた。築70年以上経過し、段差の多いわが家を建て替えるための引っ越しを3日後に控えていた矢先のことであった。

　救命救急センターでの手術は成功したものの脳血管攣縮(れんしゅく)を起こした後、意識が戻らないまま発症39日目に公立病院に転院した。転院先の主治医をはじめ周囲はあきらめムードのなか、24時間体制で付き添い、考えうるさまざまな刺激をした結果、母は意識を回復した。遷延性(せんえん)意識障害は、49日間に及んだ。病院では、意識のないときからリハを始めていただいた。数度にわたる医療過誤に遭いながらもその後の訓練は順調に進む。家の建て替えは、退院にはとても間に合わないため、突貫工事で庭に離れを建て、同年9月1日から在宅療養を開始した。その頃には、母は端座位は可能で立ち上がりの練習を始めていた。高次脳機能障害、失語、右手の不全マヒ等の不自由さを抱えながらも意思の疎通はしっかりはかることができた。一緒に暮らすことができる喜びに家族皆に笑顔が戻った。元来、頑張り屋さんの母は、決して楽ではない日々でも笑顔を見せてくれた。私にとっては、「母を寝たきりにはしない」という目標があり、充実した毎日であった。

　当時、「重度身体障害者」「寝たきり」……母の状況をこのように表現されるたびに私は受け容れられず、ただただ悲しく、特に母の目の前でこのように言われたときには、母に聞こえたら大変と胸がどきどきした。

　訪問リハができる理学療法士を紹介してもらい、「歩行する」という目標に向けて、母をはじめ在宅ケアチームが一丸となっていたところ、11月、体調を崩し再入院する。幸い順調に回復したにもかかわらず、退院予定当日の早朝、またも医療過誤のため危篤状態に陥る。このとき、脳梗塞と心筋梗塞を発症、母はもとより、家族、看護師（訪問看護をしていた頃の私の相棒）、ヘルパーチーム全員にとって、一番つらい時期を過ごした。それでも1か月後、どうにか危機を乗り越え、年末、退院にこぎつける。今度こそ文字どおり、寝たきりの危機、骨粗しょう症が進行して母は腰痛で苦しむことになった。温罨法、マッサージを根気強く行い、母とケアチームの努力の結果、座位をとれるまでに回復した。一難去ってまた一難、それまで何度か行き違いがあり、不信感を払拭できなかった訪問リハの理学療法士とついに連絡がとれなくなる。さらに母の病状が不安定（危篤に陥って以降、ときどき痙攣を起こしていた）であることから、私たちは不安と緊張のままに現状維持に必死の毎日を過ごしていた。今こそ信頼できる理学療法士を探さなければ……。

2 在宅療養の明暗を分けた福辺流との出会い

　そのような最中に福辺さんを紹介していただいた。福辺流との出会いで、最初に気がついたこと、それは、自分が「つもりの介護」をしていたという事実である。例えば母の体に触れるときには当然、呼びかけと説明をする。その際の私のやり方では、意思の疎通の確認が中途半端であるということに気づかされた。しっかり視線を合わせて、母の意識を呼び覚ますためには、微妙にコンマ何秒か早過ぎたのだ。遅すぎても本人の気持ちに乗り遅れる。

　ケアチーム全員が「阿吽の呼吸」をマスターしなければ母が戸惑う。本人の持てる力を出せるか否かの第一歩は、言葉かけ、声かけから始まるのだから。母の1日のスケジュールはかなり過密である。介助者は、無意識のまま自己のペースで「動かそう」としているのでは？ 私は、自らの「つもりの介護」を認めることから福辺流に入門した。いつしか「……してあげる」「……してあげたい」になっていた私の介護。叔父からは、「お母さんに失礼だよ。君の子供ではないんだから」と注意された。対等な関係を保てない私こそが母を「障害者」にしていると申し訳なく思った。

3 一緒にいて介護する喜び、楽しみ

　母の介護を通じて、さまざまな発見や喜び、楽しみがあった。今でも寝返りをする母の姿が目に浮かぶ。「もう少し痩せたら楽かもね」と言って2人で頷きあったりした。そして、最後まで母が頑張った立ち上がり、ターン、車いすへの移乗という一連の動作。母が立ち上がってほんの数秒、2人でハグをする。私は一体感で満たされるこの瞬間が大好きだった。日頃のスト

レスすべてが吹き飛ぶ瞬間である。母には、床にしっかり足をつけて自分の体重を支える力がある。母の意志による立ち上がりのタイミングを身体感覚で覚えた。

　これでトイレにも行くことができる。何年間も介護タクシーではなく、この方法で普通のタクシーに移乗し外食を楽しむことができた。ときには、57kgの母と44kgの私、2人のずんぐりムックリした姿を姿見に映し姿勢を確認する。母として娘の私をいつも見守ってくれているという母の強い母性を感じるときでもある。

4 継続するのは困難、継続するのは尊い、継続できることに感謝

　上記の言葉はお寺さんから教わった。私の介護は1人ではない。「チーム孝子（母の名前）」に支えられていた。だから、13年と8か月余、続けることができた。かかりつけ医をはじめ、PT、ST、MT、ナース、ヘルパーチーム、ケアマネ、友人、家族。今日の日本社会では最高、最強だと自負している。なかでも毎日の世話はヘルパーとナースが担う。全員、福辺さんの指

導・チェックを受ける。たとえ担当する人が変わってもレベルを維持するために行う。

　ポジショニングは、継続の効果ありと皆が大いに実感できた。母の側弯はいつの間にかかなり改善していた。気がつくとそれまでときとして、「痛い」と発していた母がまったく痛みを訴えなくなった。正しい方法を習得し途切れることなく継続した成果だ。

　2002年の秋、母は大腿骨を骨折し手術を受けた。その後も、突然の喘息発作や痔の手術で何度か入院したがADLの低下を心配したことはない。全員が毎日のケアを継続することで回復することを知っているからである。

5 福辺流を介助術のスタンダードに

　介護には、しんどい、汚い、大変、疲れる等々、暗いイメージがつきまとう。

　原因の1つとして、本人の真の能力を理解できていないことが挙げられる。そして私のように「つもりの介護」に陥っている場合もある。

　本人の能力を正しく評価し、その力の邪魔にならない、力が発揮できる介護、介助をすることで、本人と介護する人、双方が楽になる。単に肉体的に楽になるだけではない。自力でできることが増えることは生きる意欲、毎日の生活の張りになる。1人でも多くの人が福辺流と出会ってほしい。

　本人・家族のあり方を尊重し、正しく確実な技術を身につけることで介助される人、介助する人、周囲の人、介護職すべての人に幸せになっていただきたいと願う。

福辺先生への手紙（Tさんの事例）

デイサービスセンター新生コスモス　上野 淳子

　Tさんはリハビリに対する意欲もなく、スタッフも段々低下していくTさんのADLをどのようにして維持していけばよいのかわからず、そのうちに車いすへの移乗も困難になり、ズボンを引っ張って強引に座っていただくようになってきていました。歩行距離と車いす移動の距離を計測しながら、いす引き歩行（いすの手すりにつかまっていただき、スタッフがタイミングをみていすを引く）などの介助をしていました。

　このままでは寝たきりになってしまうかもしれない、何とかならないものかと悩んでいたときでした。

　地域での講習会の後に、立ち寄ってくださった福辺先生に「たった4～5m歩くのに30分もかかるような訓練をしてはいけません。無意味です」と言われました。少しでも歩いていただきたい一心でスタッフみんなと頑張っていたのでショックでした。

　そのときの指導はベッドサイドでの立ち上がりと寝返り、腰上げの練習でした。とにかく教えていただいたように、歩行練習は中止して、書かれた本『福辺流　力のいらない介助術』などを片手に、デイ利用日の週4回30分～1時間かけて練習を始めました。

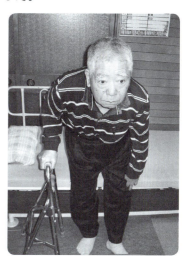

　Tさんのモチベーションは次第に上がり、スタッフもTさんが少しずつ立ち上がりができるようになるとうれしくて一生懸命練習を続けていました。デイでは、朝から「先生、今日もお願いします」と以前のTさんでは考えられないようなうれしい言葉が毎回聞かれます。3か月ほど過ぎ、あるときTさんの奥さんから「この頃は横を向いてテレビを観ているの。前は顔だけ横を向けて観ていたのに自分で寝返ってくれているの。どうしてでしょう？！」と話され、「デイで練習しています」と伝えると「ありがたいわ、背中やお尻を拭くのに助かるわ」と喜んでみえました。

　恥ずかしい話ですが、それまでなぜ寝返り練習が必要なのかをよく理解できていないままリハビリをしていましたが、これだ!!とわかりました。

　次にTさんのめざましい変化を書きます。
1　モチベーションが上がる。
　　（勧めないと何もせず、うとうとするデイでした）

2　正しい姿勢で座位が保てる。
　　（ソファーで横に傾くため座布団をはさんでいた）
3　仰臥位でマヒ側の下肢上げ50回。
　　（「以前行っていた」と突然始められる）
4　右側臥位になるとき、マヒ側の左腕が動き右手で持てる。
　　（左腕はだらりとして全く動かないと思っていた‼）
5　介助なしで仰臥位から座位まで起き上がることができる。
　　（「起きましょう」と言ったら介助する前にできちゃった！）

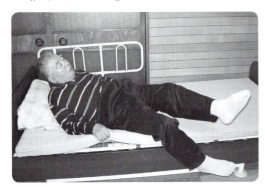 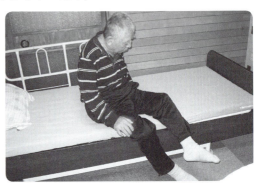

6　自宅でテレビが右側臥位で観られるように。
　　（以前は顔だけ横を向けてテレビを観ていたのに、今は自分で右側臥位になれる）
7　家族の負担が減少。
　　（楽に移動、移乗介助ができる。けんかをしなくなった）

　現在は、歩くときの介助法（マヒ側腋窩（えきか）に手を入れて下がってくる体重を支えながらTさんの歩行に寄り添う）で少しずつ歩いていただいています。マヒ側を支えることにより体のバランスがとれてマヒ側の足を前に出すことができています。

　家族（嫁）もトイレまで歩けるとよいなと話してみえます。

　「自宅でトイレまで自分で歩くこと」を目標に進んでいこうとみんなで思っています。

力と意欲を引き出す
介助とは？

この介助は特別な介助の方法ではありません。当たり前の介助です。人に触るとき、介助するときに、介助者が心得るべき介助の基本です。ところが残念ながら現在日本で使われている介助は、この介助ではありません。介護だけでなく医療の現場でも同様です。

　当たり前の介助の基本であるにもかかわらず、なぜみんなが使っていないのでしょう。

　答えは「教えられていない」からです。介護や看護の教科書には「リハビリテーション介助」「介助のときには、相手の人の力を引き出す」「できることは自分でやってもらって、できないことだけを助ける」といった言葉が並んでいます。でも、それが実際にどんな介助なのかということは、どこにも述べられていないし、実技の実習でも教えられていないのです。

　この本では、相手の力を引き出すとはどういうことなのか、どうすれば相手に動いてもらえるのか、それがどんな意味をもつのか、それらを具体的に示します。

　残念ながら講習会のように手取り足取りではないので、文章だけでは伝わらないことがたくさんありますが、写真やイラストの力も借りながら、可能な限りお伝えしていきたいと思います。

1　介助とは

　介助という言葉や概念に対しての決まった定義はまだありません。介護と混同して使われますし、「介護とどう違うの？」と質問されることが多いのですが、この本では、介助とは「寝返り、立ち上がり、移乗、歩行などの基本的動作が難しくなっている人をサポートして、その動作や行為を遂行（すいこう）してもらえるようにすること」として話を進めます。

介助をする人

　当然、介助は介護職だけでなく、家族、看護職、理学療法士（以下、PT）、作業療法士（以下、OT）、言語聴覚士（以下、ST）などのリハビリテーション専門職や、機能訓練指導員、柔道整復師や鍼灸マッサージ師、医師や臨床検査技師など医療や介護従事者はもちろんのこと、運転手、ホテルマン、販売員などのサービス従事者、ボランティアや近所の人、一般の人がさまざまな場面で使う可能性があります。超高齢社会である今の日本では、地域のみんなが学んでおいたほうがよいといっても過言ではありません。

　しかし、家族やボランティアや一般の人と、医療・介護従事者では、同じ介助を学ぶといっても、明らかに違いがあります。

　プロなのか、プロでないのか、です。

介助の習得には繰り返しの練習が必要

　セミナーで参加者に「何回くらい練習してできなければ、この介助は難しいと判断しますか？」と質問すると、2～3回という答えが返ってきます。みなさんはどう思いますか？

　介助はスポーツや楽器の演奏と同じように、身体で覚える行為です。例えば、サッカーでシュートやパスができるようになるまで、何回練習したでしょう？　バレーボールやテニスで、何回練習すればサーブやレシーブができるようになりましたか？　ピアノやバイオリンはどうですか？　お習字は？

　できるようになるまで何千回、何万回も同じことを繰り返したはずなのです。なのに、介助に関してはコツをつかんだらすぐにできるもののように勘違いしてはいないでしょうか。介助が練習もしないですぐにできるものならば、介助を扱う職種の専門性はありません。2～3回練習すれば誰にでもできる仕事になってしまいます。そのように思われていることが、介助の専門性を不確かなものにしてしまっているのに、介助のプロフェッショナルである私たちが、介助を簡単に学習できるものと思ってしまっては自分で自分の首を締めているようなものです。

　介助の学習は難しくはありませんが、繰り返しの練習が必要です。

2　これまでの介助との違い

行為の主体は介助される人

　通常の介助では、介助者（介助する人）が、被介助者（介助される人）を動かします。

　それに対してこの介助では被介助者が動きます。行為の主体は介助者ではなく被介助者です。これは単に技術だけでなく、対象者や介助をどうとらえるかという根本的な考え方の違いです。

　同じように力はいらなくても、いわゆる「力のいらない」と「力を引き出す」介助の差はここにあります。力のいらない理由が、"介助する側の力の使い方"にあるか、"介助される側が動く"からなのかの違いです。

　「力のいらない」介助法の多くも力学的に正しく、また、武術等を利用した介助術も、介助者側の体の動かし方について非常に示唆に富んだ内容で、学ぶべきところがたくさんあります。

　また、機器を使うノーリフトといわれる介助も、四肢や体幹筋力が全くない完全な脊髄損傷、体格の大きい被介助者、緊張が不安定な被介助者など大きな介助力が必要な場合や、老老介護に代表されるように介助力がなく介助が危険な場合などは、積極的に使われるべきでしょう。

　そして、そのように全面的な介助が必要な場面においても、相手の力を引き出す介助は有効

です。被介助者にリフトのシートに乗っていただく際に、どのように声かけするのか、どのように触れるのか、どのような姿勢で乗っていただくのかで、介助は大きく変わります。

「被介助者が、自分と同じ対等な人間であり、行為の主体は被介助者であること」「対象者の能力を評価し、毎回その最大限を使っていただく」というこの介助の考え方はあらゆる介助の根本の思想といえます。

介助の常識の間違い

例えば、介助の際にはできるだけ相手に近づいて介助を行うようにと、多くの教科書で教えられています。ところが、この常識には落とし穴があります。

まず、対象物に近づいて作業したほうがよいのは、対象物を持ち上げる場合です。物を持ち上げるときには確かに物体の重心と自分の重心は近いほうがよいのですが（図1-1）、被介助者は持ち上げられる物ではありません。被介助者を「まったく立位がとれない人」「何もできない人」と判断してしまうと、被介助者は物になります。理学療法士になってから30数年の間で、持ち上げる介助を必要とする人（まったく立てない人）は、2〜3％です。残りの人は適切な介助があれば、程度の差はありますが、たとえわずかであっても自分を支えることが可能です。その場合には、被介助者と介助者がつくる支持基底面は大きいほうが安定性はよくなるので、"できるだけ近づくほうが安全である" "近づいたほうが力はいらない" という前提は成り立たなくなります。

第2に、対象者は物ではなく、それぞれの人生歴やプライドや感情をもった人です。近づいてピッタリ身体を密着させる介助は、被介助者にとっても介助者にとっても精神的ストレスが大きく、尊厳を傷つけてしまう場合もあります。両方の力を十分発揮できません。

第3に、近づきすぎると介助者は被介助者の状況を視覚的に確認しづらくなります。足が宙に浮いて車いすに引っかかっていても、被介助者が痛い表情をしていても介助者は気づかず、とても危険です。

その他にも、介助の常識とされていることで一度見直したほうがよいのではないか、と思えることがたくさんあります。こ

図1-1 持ち上げ動作の腰部伸展モーメント

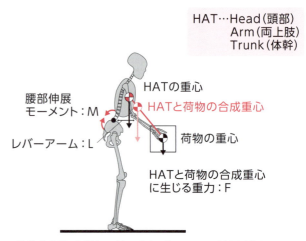

荷物を腰から離して持つとレバーアームが長くなり、腰部伸展モーメントが増加する。

出典：勝平純司ほか著『介助にいかすバイオメカニクス』医学書院，151頁，2011. を一部改変

れらの原因は、介助される対象者を物ととらえ、介助における対象者の能力評価を重要視してこなかったこれまでの介助教育にあるように思えます。

3　すべての人に対応できる介助

　この介助の特徴は、相手の人にできることはやっていただく、相手の人に動いてもらうところにあります。

　"相手に動いてもらう"と聞いたときに、「私がケアしている片マヒや認知症のお年寄りには使えない」と思われた介助者もおられるでしょう。「マヒがあるから動けない」「まったく力が入らない」「介助する側の言っていることが通じない」「介助しようとしても拒否される」、そんな対象者にどうやって動いてもらえるの？　セミナーでも多くの参加者がもつ疑問です。

　しかし、この介助はすべての対象者に使うことができます。マヒのある人、筋力のない人、認知症の人、耳の遠い人、言葉の通じない人、頑固な人、一方的に介助者が動かすしかないと思われていた対象者にも使うことが可能です。

　対象者が生きていて、その人にできることがある限り、その人の持っている感覚に働きかけて、その人の持っている能力を使ってもらうという当たり前のことをするのが、この介助です。

　感覚をいかに入力するかによって介助された人の反応は変わります。適切な介助がなされたときには、介助される人からの正当な反応が返ってきます。たとえ寝たきりや認知症の人であってもよりよく変化してもらうことは可能です。

4　動き（働き）と能力

　運動とは、目に見える筋骨格運動だけを指すのではありません。

　四肢や体幹の運動は認められなくても、脳、内臓、血管、消化、循環、呼吸、排泄、思考、感情、認知、記憶、知覚などを司る細胞や神経は、私たちが生きている限り働き続けています。

　認知症の人でもすべての認知能力、記憶能力がなくなったわけではありません。同様に意識がないと思われている人も私たちにはわからないだけで、その人の内側には豊かな世界が広がっているのかもしれません。

　たとえ指１本動かせなくても、対象者の知覚、精神、意識、認知、思考、記憶、コミュニケーション、ホメオスタシス（自律神経機構）など多くの能力は健在しています。

　対象者の能力に気づき、最大限にその能力を使ってもらえるようにするのが、介護、医療であり、介助です。

5 刺激（介助）に対する反応としての被介助者の反応（動き）

刺激（介助者の感覚入力）と反応（被介助者の運動出力）

この介助では、介助を「被介助者の運動を引き出すために適切な刺激を入力すること」と考えています。

また、運動とは、「入力された刺激に対しての反応（出力）」とみることができます（図1-2）。

私たちは絶えず視覚や聴覚、温痛覚、触覚、運動覚などの刺激から状況を判断して、自身を状況と適応させようと反応しています。自分自身でつくり出し

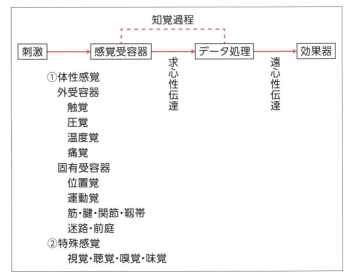

図1-2 人の働き 刺激と反応

ていると思われる感情や思考も、外からの刺激に対する反応です。また、通常の生活の1つひとつの行為、ご飯を食べたりトイレに行くことも、血糖値の低下や膀胱内の尿量等（内部から入力した情報）で「お腹が空いた」「おしっこがしたい」と感じ、周りの状況（外部から入力した情報）と合わせた判断で、食べる、トイレに行くという選択をしています。

人が動くためには知覚が適切に働くことが重要です。

知覚がなければ、人は行動の動機、意志、感情をもつことはもちろん、自己同定さえできません。動きはじめてもフィードバックができません。

お年寄りや障害をもった人が行為を遂行できない原因は、筋力やバランス能力の低下といった出力系だけの問題ではなく、感覚の量の減弱や質の変化、選択の不適応などの入力系の問題、知覚した後の情報処理、理解、認知系の問題などが大きな割合を占めています。

介助とは介助者が被介助者を動かしてしまうことではなく、被介助者が"入力しやすいような環境を整える"こと、被介助者が"適切に動けるような刺激を入力する"こと、被介助者の"持っている能力で行為が遂行できるように環境を整える"ことです。

6 入力刺激としての感覚（知覚）

介助の際の入力は、主に感覚刺激を利用します。

介助の際に利用される感覚刺激には、次のようなものがあります。
- 声かけ……（聴覚）
- アイコンタクト　目線……（視覚）
- 触れ方　誘導……（触覚・圧覚・運動覚・関節覚・温痛覚・平衡感覚）
- 味付け……（味覚・温覚）
- おいしそうな匂い　いい匂い　嫌な匂い……（嗅覚）

その他使えるすべての感覚を活用します。

使い方や、使う環境にも注意を払います。以下がいくつかの注意点です。

- 組み合わせたほうが相乗効果はありますが、一度に全部を使うのではなく被介助者の能力に合わせて必要最小限を選択していきます。特に認知症や高次脳機能障害があって注意力や集中力が低下した対象者の場合は、集中できる個別の環境を用意したり、一度に1つずつ小出しの提示を行うなど工夫が必要です。
- 介助側は伝えているつもりでも被介助者に伝わっていない場合がたくさんあります。「声かけ」や「目を合わす」という介助の基本動作で特に目立ちます。
- 介助者が、相手の能力を理解できていなければ、どんな刺激を、どれくらい、どのように入力すればよいか選択できません。運動能力は目に見えるので理解されやすいのですが、感覚は目に見えず異常があってもわかりにくく注意が必要です。
- 介助者が間違った刺激や必要でない刺激を入れてしまうと、被介助者は指示と違う動きをする（間違って入力された刺激に対応すると当然違う動きになります）、混乱する（介助者の口頭での指示と動きでの指示が異なるからです）、動けなくなる（上のような理由に加えて、介助者の指示自体が"体重がかかっているほうの足を動かす"などのように力学的に不適切な場合）などとなってしまいます。

被介助者が、介助者の望んでいない動きをした場合は、被介助者側の問題ではなく介助者の入力が適切でなかったのかもしれません。

7　この介助のメリット

相手の力を引き出す介助のメリットはたくさんあります。

①　不必要な力がいらない

介助される人に動いてもらうので、介助者は必要最小限の力で介助することが可能です。
また、等尺性（42頁参照）の筋活動がほとんどなので無理がなく安全です。腰痛を引き起こしやすい脊柱起立筋も等尺性の「支える」働きがメインなので、急な動きをする必要があり

ません。

② 安全

　①の筋の使い方の安全性に加え、この介助では、介助者は絶えず被介助者を感じながら被介助者の動きに合わせて介助をコントロールします。被介助者の支持基底面、あるいは被介助者と介助者を合わせた基底面を想定しながら、被介助者と自身の体重支持や体重移動を行うので、転倒の危険性も下がります。

③ 痛みがない・拒否がない

　被介助者の意志に反した介助では、被介助者の協力は得られません。
　自分が介助される立場だとしたらどうでしょうか。介助者側の都合で動かされたら、拒否するのは当然のことです。
　介助の際に、被介助者から「痛い」「怖い」と言われたときにはどう対応しますか。
　仕事を始めたころは、お年寄りに「申し訳ない」と思いましたよね。でも、少しずつ「相手の意欲がないから」「いつでも、誰が介助しても同じ」「膝や腰が悪いのだから痛いのは当たり前」「加齢だから仕方がない」と思うようになってきていませんか。
　持ち方、触れ方、動きの伝え方、声かけなど、ていねいな介助ができれば、「痛くない」「怖くない」介助が可能です。「痛くない」「怖くない」介助ができるかどうかは被介助者の問題ではなく、介助者側の責任です。

④ 機能維持が可能

生活に訓練を持ち込まない

　動くたびにできることをやってもらうといっても、日常生活を機能訓練にするという意味ではありません。
　「生活リハビリテーション」（生活リハ）という言葉を作られたのは三好春樹さんですが、時々、三好さんの意図と違う意味でこの言葉が使われているように感じます。
　リハビリテーション＝機能訓練ではありません。「生活リハ」は日常生活のなかに機能訓練を取り入れようという意味ではないので、生活を機能訓練の手段にしてはいけません。機能訓練を目的に日常の介護をするのは主客転倒です。
　機能訓練は手段であって目的ではないからです。目的はあくまでお年寄りにその人らしい生き方、生活を最後までおくってもらうことです。
　日常生活を、お年寄りのできるだけ思う通りにその人のやり方で自由に過ごしてもらうこと

が重要で、それは被介助者の最大限の能力（運動能力だけではない）を使ってもらうことによって可能となります。

生活は本番　量も質も満たしてくれる

　例えば、車いすで施設に入所されて生活している人がいるとします。その人は、1日に何回くらい立ったり座ったりするでしょうか？　食事、トイレ、入浴、整容、レクリエーション、行事など、施設の入所者さんなら1日に20回前後は立ったり座ったりしているはずです。それに対して、理学療法士と一緒に行う練習は、週に10～20回といったところでしょうか。いうまでもなく生活のなかで介護職・看護職が行う立ち上がりの機会を使うほうが、理学療法士との練習だけに頼るよりも効率がいいのです。

　また、同じ"立ち上がり"をしていても質が違います。訓練室で行う機能訓練での"立ち上がり"はいわば疑似体験です。対象者が立ち上がる目的は、ベッドから立ち上がって自分で車いすに移ることで、訓練のためではないからです。生活のなかでの動きというのは、"その人のADLの目的"そのものです。介助の質においても、量においても、みなさんが日々行っている介助は大きな意味があるのです。

　その介助がよいものであれば、対象者の機能を維持していくことはさほど難しいことではありません。機能を上げることも可能です。維持期の対象者の改善は困難とされていますが、"できるADL"までの改善は比較的容易にできます。その変化は、対象者ができないことができるようになったのではなく、これまで使われていなかった能力を介助によって引き出したからです。

　また、これまで加齢や症状の進行で仕方がないとされてきた機能低下も防ぐことができます。反対にその介助が不適切なものであれば、対象者の機能はあっという間に落ちていきます。

　PT、OT、STなどのセラピストによる週1～2回の練習が点ならば、毎日の生活の中での動きが線や面となり、対象者の機能を維持、改善していくのです。

　1回1回の介助をもっともっと意識してください。「この介助の1回1回がつながって、この人の機能が維持されていく」。そう思って日々の介助に取り組んでいただけたら、お年寄りはもっと生き生きし、介助者もやりがいを感じることが可能です。

8　被介助者への影響

　自分の生活や生命維持を他人に全面的に託しながら（全介助）、自身の尊厳を保つことはとても難しいことです。この介助では、これまでの介助のようにすべてを介助者にやってもらうことはしません。

　介護保険の目的は、対象者が「尊厳を保持し、その有する能力に応じ自立した日常生活を営

む」ことにあります。決してお年寄りのお世話をしたり、代わりに何かをやってあげることではありません。被介助者は介助されることによって自身のやりたいことを自身で行います。サポートがあるからこそ被介助者は自分で動けます。**介助の仕事は被介助者のやりたいことをご自分でできるように支えることです。**

この介助は被介助者の尊厳を保つ介助です。

介助は、介助される人の尊厳、人生、生き方、生活、意欲、ADL、動きを支えます。

適切な介助によって、立てなかった人が立てるようになることも珍しくありませんが、こちらの言うことを全く聞いていただけなかった認知症の方が一緒に動いてくださったり、乱暴な行為がなくなる、笑顔が増えるという小さな変化も、おとらず貴重です。

適切な介助ができたとき、その変化は必ず現れます。そして、その変化が起こったときは、介助者だけでなく被介助者にもはっきりわかります。認知症でも、寝たきりでも、意識のない人であってもです。反対に認知症の人の反応のほうがストレートかもしれません。

9 介助者への影響

適切な介助が行われ、変化が起こったときは、介助される側、する側でその感覚を共有することができます。介助の醍醐味はここに尽きると思います。

適切な介助ができたときに、介助者が被介助者から受け取れるものは計りしれません。たとえどんなに小さな変化でも自分の働きかけで被介助者が変わってくれた、その瞬間を被介助者と共有できたという喜びは、何ものにも代え難いものです。

介助者は"被介助者"と"自分の仕事"と"世界"への感謝を感じることができます。介助は、その感覚を、介助者がその手でリアルタイムで味わうことができる仕事です。

だからこそ、介助者は仕事へのやりがいや意欲を持ち続けることができるのです。介助者自身の仕事へのプライドがなければ、自分たちの地位向上の社会的コンセンサスを得ることは困難です。

社会福祉法や介護保険法で謳われている介護の目的は、対象者が「尊厳を保持し、その有する能力に応じ自立した日常生活を営むことができる」ことです。決してお世話をするとか、介護者が代わりにする、とは書かれていないのです。そのために1人ひとりに合わせたケア、そこへ到達するためのアセスメントが必要であると、明文化されています。

「職員が少ない」「忙しい」「利用者の重度化」「利用者の安全確保のために」「家族からの要望」「ていねいな介助は時間がかかる」「自分だけゆっくりやっていられない」そう思うのも尤もののように感じます。

その一方で、同じ条件でありながら、おむつゼロや機械浴ゼロ、誤嚥性肺炎ゼロ、ベッド柵、眠剤、便秘薬を極力使用しない介護を目指し、実践している施設も確かに存在しているのです。

図 1-3 「力を引き出す介助」によるメリット

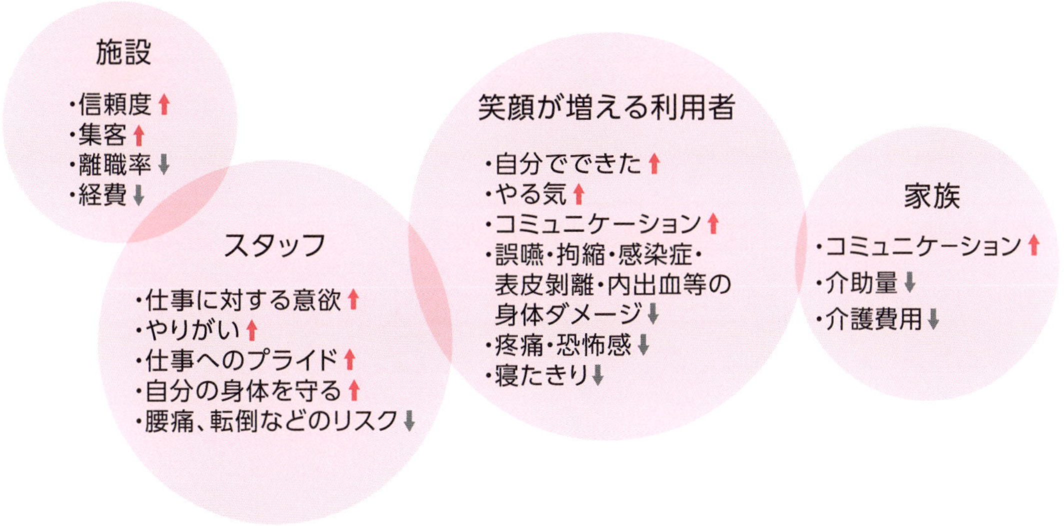

施設
・信頼度 ↑
・集客 ↑
・離職率 ↓
・経費 ↓

スタッフ
・仕事に対する意欲 ↑
・やりがい ↑
・仕事へのプライド ↑
・自分の身体を守る ↑
・腰痛、転倒などのリスク ↓

笑顔が増える利用者
・自分でできた ↑
・やる気 ↑
・コミュニケーション ↑
・誤嚥・拘縮・感染症・表皮剝離・内出血等の身体ダメージ ↓
・疼痛・恐怖感 ↓
・寝たきり ↓

家族
・コミュニケーション ↑
・介助量 ↓
・介護費用 ↓

　この介助はそのような試みを援助できるものであると思っています。
　その他のこの介助のメリットを図 1-3 にまとめてみました。

10　対象者の力を引き出すために

介助される人の力を引き出すためには、どんなことが必要なのでしょう。
5 つの基本をあげてみました。

介助される人の力を引き出すための 5 つの基本

① 対象者のできること・できないことを知る。
② 対象者の動き、反応、（筋等の）緊張を感じる。
③ 人間のもつ自然な（運動学的・神経生理学的な）反応を利用する。
④ 日常の動きに添った介助をする。
⑤ ていねいな介助（声かけ・支え方・触れ方・動きの伝え方）。

11　5 つの基本①　できることを知る＜①－1 真意は何か＞

　的確で仔細な対象者の能力の把握ができなければ、"やりすぎ""やらなさすぎ"の介助になります。"やりすぎ""やらなさすぎ"の介助は対象者の現在もっている力を奪っていくだけで

なく、対象者の意欲や尊厳までをも、削(そ)いでしまいます。

"介助される人のできること・できないことを知る"とは、アセスメント（評価）です。アセスメントとは、「この人はどんな人なのだろうか？」とその人に興味を持って理解しようとすることです。

被介助者の真のニーズを探る

そのなかでもまず一番に考えなければいけないことは、相手の人が何を望んでいるかです。

「認知症だから本人は何も考えていない」ことは決してありません。誰にでも、こうなりたいという願いがあります。

必ずしも表面化、言語化されているとは限らず、また本人の言葉がストレートにその願いを表しているとも限りません。「放っておいて」「このままでいい」「バカ」など、ときには全く正反対の言動があったり、本人にもわからない無意識の望みがあるかもしれません。

例えば「トイレに行けるようになりたい」と言ったAさんの真意は何なのでしょう？

「トイレに行けるようになりたい」その心の奥の思いは何？

- 「トイレでおしっこをしたい」
  ポータブルトイレでもいいのか？　トイレでないとダメなのか？　見られたくないのか？　介助者が付いて行ってもいいのか？
- 「トイレに自分で行きたい」
  ポータブルではダメなのか？　自立していれば車いすで行くのはOKなのか？　すべての工程を全部一人でしないとダメなのか？　歩いて行きたいのか？
- 「おむつは嫌」「おむつの中でおしっこをするのが嫌」
  尿器で取るのはOK？　「おむつが濡れているのが嫌」→すぐにおむつ交換すればOK？　「替えるときに嫌そうにされるのが嫌」→介助を見直しすればおむつでもOK？
- 「おむつのゴワゴワ、モコモコが嫌」　パッドとパンツならOK？

おむつ外しができれば問題は解決しますが、すぐに対応できないケースもあります。何かしら対応できることはないのでしょうか？

あるいは、おむつ外しが成功して車いすでトイレに行けたとしても、Aさんの真意が「歩けるようになりたい」であれば、トイレに行けてもAさんの満足は得られません。「家に帰りたい」ならば、トイレに行けても家に帰れないAさんの心の内はどうでしょうか。

真意がわからなければ、その人の願いをかなえたことにはなりません。Aさんの納得がいくまで振り回されましょう。Aさんの究極の望みはかなわなくても、Aさんが納得してくれるころには、とてもいい関係がつくれているはずです。

利用者が真に望んでいるものに最も近くて実現可能なものがニーズです。

12　5つの基本①　できることを知る＜①－2 細かく見る＞

もう1つ、評価で大切なことは、細かく見るということです。

やりすぎ・やらなさすぎの介助の弊害

　自立して行為を完了するために10の能力が必要なときに、Aさんは5の能力をもっていたとしましょう。介助者が5の能力分の下支えをすれば、Aさんは自分の5の力を使って行為を遂行することができます。ところが実際の現場では、介助者が7か8の介助をしてしまっていることが多いのです。介助者が7か8の介助をしても、Aさんは5の力を出せばいい、と思われるかもしれませんが、残念ながらAさんは2か3の能力しか発揮できないか、多くは全介助になってしまいます。

　また、反対に介助者が2か3のサポートしかなければ、どうなるのでしょう。この場合もAさんは成功体験を味わえません。

　どちらの場合もAさんは、自分でその行為をすることに失敗します。すべてを他人にゆだねてしまったり、何度やっても失敗ばかりだと、人はやる気をなくします。お年寄りの意欲がないから介助が必要なのだと介助者は思いがちですが、実はその反対で、自分でやっていただく機会を介助者が奪っているから、お年寄りの意欲を低下させていくのです。

不適切な介助の原因

　"介助される人のできることはご自分でやっていただいて、できないところだけを助けましょう"と言えば同意していただけるでしょう。ところが、私が施設や家庭での介助をみると、9割が不適切な介助です。8割は「やりすぎ」で、1割は「やらなさすぎ」です。

　なぜ、「やりすぎ」「やらなさすぎ」の介助をしてしまうのでしょうか。時間がなくて待てないという原因も考えられますが、介助者が一方的に動かす介助方法しか習っていないことと、被介助者の能力を適切に評価できていないことが原因の多くです。

　介助者が被介助者の能力を正当に評価できていないのは、介助者の「できること・できないことの見方」（評価・アセスメント）が大雑把すぎるからです。

　「寝返りはできるけれど、起き上がりができないので、起き上がりは全介助」「立ち上がりは軽介助です」「見守りです」「全く立てません」ではなく、立ち上がりの、どの瞬間の何ができていて、何ができていないのか、なぜできないのか、などを突き詰めていかなければ、その人

にぴったりの介助はできません。そのなかには運動能力だけでなく、目に見えないさまざまな能力も含まれます。

介助における具体的な"できること・できないこと"の見方（動作観察の方法）

　具体的な場面で考えてみましょう。
　ベッドの端に腰掛けているBさんに「お食事に行かれませんか？」とお誘いしたとしましょう。Bさんはこちらを向いてうなずき、少し身体を前に傾けて、足を引かれるような仕草がみられましたが、実際にはほとんど足は動きませんでした。

　さて、Bさんはどんなことができているでしょう？
　このシチュエーションだけから想像できることに限定して、考えてみてください。

〈座位保持能力〉
　まずはベッドの端に腰掛けている、ということなので、Bさんには背もたれがなくても座位を保持する能力があると考えます。

〈筋力がすべてではない〉
　座位を保持するための能力として、誰もが思いつくのは頭、首、体幹（胴体）、骨盤帯（腰）、上肢（腕と手）、下肢（太ももと脛と足）の適当な筋力があるのだろうということですが、筋力はあまり必要ではありません。ある動作が遂行できなくなる原因で筋力低下は1～2割です。それよりも必要なものに、それぞれの関節が曲がったり伸びたりできる関節可動域があります。特に股関節が曲がらなければ座位はとれません。筋力がいくらあっても関節の可動域がなければ、多くの動きが制限されます。その他、座位を保持するためには痛みや恐怖心がないこと、バランスや感覚がよいこと、精神的に落ち着いていること、などの能力が必要です。

〈聴覚／視覚〉〈認知能力〉
　次に、こちらを向いてうなずき、その後に適切な動きをされたので、耳が聞こえる、言語が理解できる、目が見える、見たことを理解できる、人の顔を識別できるなどの、認知や高次脳機能の大きな障害もなさそうだと想像できます。
　音が聞こえるかどうかは"聴力"です。○Hz～○Hzでこんな音色の音は「人の声だ」と判断します。これは"認知能力"です。「何歳くらいの男性か女性か、誰の声か」と判断するのも"記憶"と結びついた認知能力です。

〈言語能力〉〈認知能力〉
　「日本語だ」と判断し、「食事」「行く」という"単語の理解"ができる。「行かれませんか？」が疑問形、依頼なのだとわかる。「お食事に行かれませんか？」というセンテンスの意味がわかる。これらは"言語能力"です。
　難聴の人なら耳のそばで「○○さ～ん！」と大きな声で話しかけるでしょうし、失語症の人

には、大きな声で話しかけることはしないはずです。認知症の人は言語の理解が苦手で、音は聞こえても「誰が」「何を」言っているかといった伝達がうまくできていないために、ちぐはぐな返答になってしまいます。みなさんは認知症の人と認知症でない人とでは、介助の方法を変えているはずです。

その人のできること、できないことがわかっているから、接し方が変わってきているのです。できること、できないことを細かく分けていかなければ、相手に対して適切な対応はできません。

〈動作遂行能力〉

少し身体を前に傾けて、足を引かれるような格好をしたということなので、Bさんには食事に行くための動きの順序や方法をプログラミングする能力が保たれているのでは、と考えます。

言語から動作の"イメージ"をつくり、「声かけした人に協力しよう」「食事に行こう」と判断します。食事に行くためには、立つか車いすへ乗り移らないといけない。身体を少し前傾させ足を後ろに引く動作は、立位や車いす移乗のためにすべき最初の動きなのです。

ここまででも、Bさんが実にたくさんの能力を保たれていることに気づかれたと思います。動き出すまでにも、私たちはこんなにたくさんの能力を使っているのですから、実際に身体を動かすときにはこの数百倍もの能力を使っています。

1人で立つことができる、車いすに移ることができる、という行為の結果だけに注目するならば、Bさんは何もできない人になってしまいます。

でも、きちんとした評価をすれば、Bさんの持つたくさんの能力に気づきます。

どんな人にもできることがあり、この介助法がすべての人に使える、という意味がわかっていただけたでしょうか。

声かけをして、相手の動きを待つからこそ、相手の能力がわかります。

相手に期待しない、相手を待てない介助は、その人の能力を奪います。聞く能力、見る能力、注視する能力、言語を理解する能力、対象を観察する能力、集中力、注意力、判断力、運動をプログラミングする能力も、使わなければどんどん落ちていきます。

介助者が、相手の力を考えずに介助してしまうのは、相手のためにお世話をしているようですが、その人の能力や意欲、生きる力まで奪ってしまう行為かもしれないということを、介助者はもっと自覚しなければいけないと思います。

図1-4は主な評価の項目です。

これらの項目をヒントにしながら、1つひとつ必要な事項を細かく評価していってください。細かい観察と分析ができれば、どんなアプローチをすればいいのかがわかります。

やりすぎない、邪魔にならない、必要最小限な介助ができるようになります。

図1-4 主な評価項目

<評価の項目>本人の身体的な構造や能力
感覚（視覚・聴覚・表在感覚・深部感覚等） 関節可動域　マヒ　筋力　バランス能力 痛み　コミュニケーション　嚥下能力 呼吸　循環　皮膚の状態 精神状態　認知能力 基本動作　移動能力 食事　排泄　入浴　更衣　整容（狭義のADL） 家事　買い物　交通機関の使用　自動車の運転 など（広義のADL）

13　5つの基本②　対象者を感じる

　介助者は介助の間、対象者の動き、反応、筋の緊張などを感じ続ける必要があります。

　介助の際の被介助者を感じる力は、被介助者がどのくらいの介助を必要としているのか、被介助者にどんな刺激をどのくらい入力したらよいのか、自分の介助がうまくいっているのか、などを知るために必要です。

　ところが、これまでの介助が被介助者を一方的に動かす介助だったために、被介助者を感じる必要がなく介助者にはそのような習慣がありません。また、教育でも教えられていません。

　私が主催している「もう一歩踏み出すための介助セミナー」では、まず感覚を取り戻すところから始めます。

　実技の練習中、介助者役と被介助者役を交替しながら互いを介助します。介助者の動きを学習すれば介助はできると思いがちですが、介助者と被介助者両方の役割ができなければ、介助者の動きはつかめません。

　被介助者役は介助者役に毎回コメントします。「もう少しやさしく」「腕が痛い」「早すぎる」「持ち上げている」等です。もちろん「さっきよりもいい感じ」「ちょうどいい」「気持ちよく立てた」などうまくいったときも、フィードバックを忘れないように伝えます。ところが、最初はこのコメントがほとんど出てきません。感性が鈍い間は、介助者が下手な介助をしても気づきません。介助とはこんなものだという思い込みも邪魔をしています。

　セミナーを通じて、受講生は介助する側と介助される側の感性を磨(みが)くことを学び続けます。介助される人の感覚を理解し、動きを模倣できるということは、非常に大切な能力です。

写真1-1

14　5つの基本③　人間のもつ自然な反応を利用する

　例えば、私たちがもっている姿勢・運動の正常な反応に「立ち直り反応」があります。

　「立ち直り反応」を例に説明してみましょう（「写真2-20」48頁参照）。

　次の片マヒの人とお年寄りの写真を見てください（写真1-2、写真1-3）。障害のない成人とは姿勢や動きもかなり違います。

　地球上で人が動くときには必ず体重移動を伴います。片マヒの人のマヒ側への体重移動は機能的にも難しく、恐怖心も大きくて動けないことが多いのです。歩行時にマヒ側の下肢だけで

なく、非マヒ側（健側）の下肢が出にくいのはそのためです。

運動を安全にやり遂げようとすると、筋力だけでなく、感覚やバランス能力や姿勢の制御能力などが必要です。介助者がやりすぎの介助をしてしまうのは、動作ができない原因として筋力ばかりを考えてしまうことが多いからです。例えば、歩行の介助は、被介助者に立ち直り反応をサポートすると軽い誘導で安全で安定した姿勢で歩いていただくことが可能になります（写真1-4、写真1-5）。

また、寝返りの介助でも、立ち直り反応を利用すれば、膝を軽く介助するだけで寝返っていただくことができます（写真1-6）。

人間のもつ自然な運動学的・神経生理学的な反応を利用すれば、被介助者の動きを引き出して軽い力で介助をすることが可能です。

写真1-2

写真1-3

写真1-4

写真1-5

写真1-6
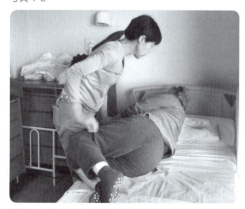
寝返りも軽く介助できる

15　5つの基本④　私たちの日常の動きに添った介助をする

　お年寄りや障害をもった人の介助というと、特別なことをしないといけないように思われがちですが、私たちが通常普通にやっている動きが実は理にかなった動きであることが多いのです。

　写真は施設や在宅でみられる"ずれ座り"という姿勢です（写真1-7）。

　この姿勢から車いすやいすに深く座り直していただきたいときに、脇から手を入れて被介助者を引き上げる介助a（写真1-8）がよく使われます。一度モデルになって介助されてみてください。脇や胸が痛くはありませんでしたか？

　深く座れましたか？　この介助は被介助者にとって不快で自分では動きのとれない介助です。

　また、左右に身体を振ってお尻を後ろに下げていく介助b（写真1-9）も最近ではよく見かけます。これは介助aよりは理にかなっていますが、体重移動が伴っていないので50点です。

　被介助者の動きを引き出して痛くない介助をしようとすると、まず両足底に体重をかけるための前方への体重移動のサポート（写真1-10〜1-12）や、左右への体重移動をサポートする介助（写真1-13）をすると、スッと動いていただくことができます（58頁〜参照）。

写真1-7

写真1-8　介助a

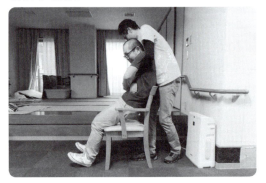

写真1-9　介助b

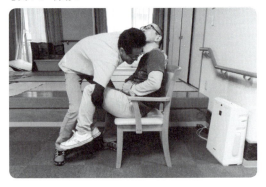

写真1-10

写真1-11
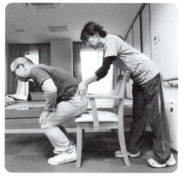

写真1-12
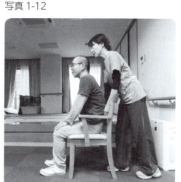

写真1-13
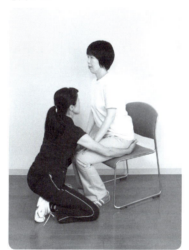

16　5つの基本⑤　ていねいな介助　その1　声かけ

　5つの基本の最後はていねいな介助「声かけ・支え方・触れ方・動きの伝え方」です。
　まず、声かけです。
　声かけは介助の重要な要素であり、声かけを変えるだけでその介助は大きく変化します。相手の人に動いてもらえるかどうかの7〜8割は「声かけ」にかかっているといっても過言ではありません。
　相手に届く声かけで、認知症状のある人や介助を拒否される人とも楽しい時間を共有してください。

<声かけの基本>介助される人の動きを引き出すために

声かけの基本
① すべての人に声かけをする
② 伝わる声かけをする
③ 伝わったかどうかを確認する
④ ①〜③のすべてを終え、必要であれば介助を始める

① すべての人に声かけをする

　すべての人に声かけをします。例外はありません。
　「○○さんは耳が遠いから」「認知症が深いから」「言語が通じない」「相性が悪い」「反発されるから」と声かけの対象から省いていた人を、"すべての人"の範疇（はんちゅう）に入れ直してください。みなさんが省こうとした人は、反対に声かけが絶対必要な人です。

② 伝わる声かけをする

　耳の聞こえない人に、言葉のわからない人に、どうやって伝わる声かけをするのでしょう？
　伝わるとは、内容が伝わるという意味ではありません。内容は伝わらなくてもよいのです（もちろん内容が伝わるに越したことはありませんし、伝える努力も十分してください）。
　伝わる声かけとは、介助する側が「伝えようという意思、意図」をもってする声かけです。相手は"声かけが通じる人"だと信頼して声かけをしてください。介助者が「絶対に伝えるんだ」「伝わるんだ」と思わなければ、被介助者には伝わりません。
　では、何を伝えるのでしょう。伝えたい事柄は「私はここにいます」ということです。「あなたと仲よくなりたい。私は害を加えません」「これから○○をするけれどいいですか？　一緒にしてもらえますか？　触るかもしれないけれどいいですか？」という意味を含んだ「ここにいます」です。これだけは必ず伝えてください。
　「この人の言うことを聞いてみよう」と思うのに話の内容はあまり関係ありません。私たちは人の話を聞いたときに、共感したり、感動したり、無関心だったり、反発したりしますが、その結果に影響を与える要素として、話の内容は７％くらいしかないそうです。あとの９割以上を占めるのは、話し手の表情や雰囲気、身振り、手振り、声のトーン、大きさ、音色などです。話し手の思いは、これらに表れます。
　介助とは"感覚を入力することによって、相手の動きを引き出すことだ"というお話をしました（16頁参照）。
　声かけというのは言葉による聴覚への働きかけだけのように思いがちですが、顔も見ずに「立ってください」と言われても、立とうという気にはなりません。でも目を見て、「立っていただいてもいいですか？」と手を差し出されたら、「立ってみようかな」という気持ちになります（写真1-14）。

また、被介助者ができないからといってすぐに被介助者の手を持って動かしてしまう介助と、「ここに手をかけてもらっていいですか？」と声かけをし、被介助者が手をつく位置をちゃんと見たことを確認してから介助を始めるのとでは、被介助者の反応は全く違ってきます（写真1-15）。

伝えるための声かけでは、聴覚からだけでなく、視覚からも被介助者をとらえられているか、同時に被介助者からもとらえられているかが重要です。

写真1-14

写真1-15

もうひとつ、声かけで心に留めておいていただきたいことは、言語によるコミュニケーションはとても難しいということです。「寝返る」という動作ひとつをとっても、「寝返ってください」「私のほうに転がって」「右を下にして、横向いて」「左を上にしてゴロンとして」といろいろな言い方があります。こんなに簡単な言葉でも、受け取り方は1人ひとり違うのです。1つや2つの言葉を言って通じなかったからといって、相手の人を「言葉が通じない？　認知症？」と決めつけないで、その人に通じるコミュニケーションの方法を見つけてください。たくさんの引き出しをもって、伝わる声かけを見つけてください。

③　伝わったかどうかを確認する

伝わったかどうかはどうやって確認したらよいでしょうか？

こちらの伝えた通りの動きでなくても、リアクションがあれば「何か」は伝わっています。うなずいたり、言葉で「はい」「いいえ」と返してもらえることもあります。

動きにも言葉にも障害のある人なら表情を見ます。では、認知症の深い人やパーキンソンの人など、表情すらも読みとりにくい人はどうでしょう？　表情のなかでも、目を見て伝わったかどうかを確認します。目を見るという行為は、ここで初めて介助者がする行為ではなく、先にお話したように、声かけを始める前から介助者がすでにしている行為です。

でも、一生懸命視線を合わせようとしても視線が合わない……どこか遠くの届かない所にいる対象者はどうしたらいいでしょう。

そのために、聴覚と視覚以外の感覚刺激を少しずつ増やしていく介助をします。例えば、触覚や圧覚、温度覚、運動覚などの感覚を入力していきます。軽く触れることで視線をとらえることができるかもしれません。初めから触れてはいけません。相手とつながることができ、関

係性をもつことができて初めて、相手に動いてもらう介助が成り立ちます（17～18頁参照）。

　どうしても視線も合わせられないまま、介助を始める場合もあります。その場合は（たとえ自分が相手の身体を抱きかかえていたとしても）相手の人がこの場所にはいないことを意識して介助してください。この場所にいない人なら立たなくて当たり前です。知覚も鈍っています。けがをしないように介助者側が一層注意を払わねばなりません。

　介助とは、被介助者と介助者がこの時この場所で関係をもつことです。どこか遠くの違う場所におられる被介助者さんに「ここに戻ってきて」もらいたいと願います。自分と時空を共有できるこの場所に戻ってきてもらえるような介助をしてください。戻ってきたときに相手とつながることができます。

④　①～③のすべてを終え、必要であれば介助を始める

　①～③、すべての人に、目を見て、伝わる声かけをして、伝わったかどうか確認して、介助が必要であると判断して、ここで初めて相手に触れます。

　でも、触れてすぐに被介助者を誘導しても、相手は動いてくれません。

　実験をしてみましょう。健常な人同士で、1人がいすに座り、もう1人が介助者役になります。介助者は、「立ちましょう！」と言うのと同時に座っている人の手を引っぱります。どうですか？

　被介助者役は立てません。声かけしないで引っ張る、声かけしながら引っ張る、声かけの直後に引っ張る、どの介助も、相手の動こうとする力は引き出せません。

　「立ちましょうか？」……「はい」と相手からの返事が返ってきて、「じゃあ、いくよ」と一呼吸おくくらいの間があって初めて、被介助者の動きが可能になります。

 他人の体に触れることは特別なこと

　ヘルパー、介護福祉士、看護師、セラピストは、「免許」があって他人に触れることが許されています。

　お年寄りが施設の食堂に座っています。私たちからすると、そのお年寄りは施設で朝食を食べ終えて座っているところですが、その人の世界では、通勤途中で電車を待っているところなのかもしれません。駅で電車を待っている人にいきなり触ったら、「何をするの？」と手を払いのけられ、駅員や警察を呼ばれることでしょう。

　対等な人と人との関係で、他人に触るというのはとても特別なことなのに、介助者と被介助者という関係になった途端に、十分な声かけもしないで相手の体に触るのはおかしなことです。他人に触れることの意味や特別さを、もっともっと意識して介助したいと思います。

　「言葉の通じない人」と思いながらの声かけや、声かけをしながら動かし始めているという声かけでは、相手の力を引き出すことはできません。

　被介助者に期待しない、被介助者を待てない介助は、その人の能力や意欲やプライドを奪います。聞く力、見る力、さまざまな感覚、言語能力、プログラミング能力、集中力、注意力、

判断力、筋力、バランス能力、目に見える力も、見えない力も使わなければどんどん落ちていくのです。

　被介助者の力を引き出せない一方的な介助は、単に介助者がやってしまうというだけでなく、被介助者の能力や意欲、生きる力まで奪ってしまう行為なのだと、介助者はもっと自覚しなければならないと思います。

　そのためにも、声かけは介助の重要な要素です。

17　5つの基本⑤　ていねいな介助　その1　声かけ＜声かけ実技編＞

　実際の場面での相手との間隔を感じてみましょう。

① 被介助者役はまっすぐ前だけを見て、顔や視線で介助者役を追わないようにします。
② 介助者役は、被介助者役のすぐ横から3m程度離れた場所の間の、いくつかのポイントで声かけをします。角度も横から正面までの間でよい角度を探します。
③ 被介助者役と介助者役で、声かけに適した場所を見つけます。ストレスがなく、自然に相手と視線が合う距離と角度を見つけます。

写真 1-16

図 1-5　声かけの距離と角度

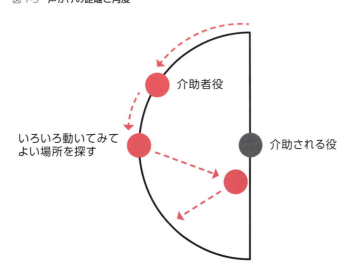

(1) 距離

介助者が最初に話しかける際の介助される人との距離は2mよりも遠い位置です。決して最初から触れる距離に近づかないでください。

介助者は双方がストレスなく近づける距離ずつ近づいていきます。

実際に介助する距離は、目と目の間隔で60〜70cmです。思ったよりも離れています。

図1-6　個体間の距離

公共距離

社会距離 350cm

個体距離 120cm

密接距離 45cm

(2) 角度

最初は正面ではありません。正面から15°〜30°ずれた所から働きかけます。

認知症やパーキンソンなどで首、顔、視線の動きがない場合は、必ずその人の視線の範囲内に入っているか確認してください。視空間失認や、視野欠損がある場合も同様です。

写真1-17

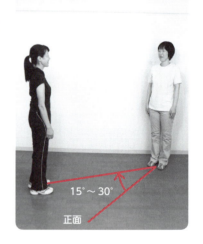

(3) 順序と間隔

「お食事に行かれませんか？」「おトイレはどうですか？」などの大きな目的から伝えます。「足を引いてください」「この手すりを持ってください」など細かな声かけから始めないでください。

声かけをして相手の反応がある間は、次の声かけや介助はしません。

相手の動きが止まり、これ以上何の動きもないと確認してから、次の大きな目的—「立って

いただいていいですか？」「車いすに移っていただけますか？」などを伝えます。

「相手の動きを待つ」→「動きが止まるのを確認する」→「次の声かけをする」を繰り返します。

写真1-18

被介助者の動きが止まるまで待って、必要最小限の声かけをする

(4) 伝え方

被介助者が主体の声かけ「足を引いていただけますか？」「起きていただいていいですか？」をします。「足を引きますよ」「触りますよ」「身体を起こしますね」では、介助者が主語なので動ける人でも動いてもらえません。

相手に触らない場面、例えば、ベッドの高さを変えるようなときや車いすを動かすようなときにも、声かけを忘れないでください。

(5) 目を見る

話をするときは相手の目を見る。

当たり前のことですが注意をしましょう。実際にはあまりできておらず、介助者は相手の顔ではなく介助する箇所ばかりを見ています。手元だけを見ている介助はとても危険です。手元は手に任せましょう。

被介助者の目や表情を見て声かけをする。介助中も被介助者の顔、表情、全体を見る。たったこれだけで介助は格段にレベルアップします。

最初は面倒に感じても慣れてしまえば当たり前になります。そうすると１つひとつていねいな介助をしていったほうが実際は早いことに気づきます。

写真 1-19 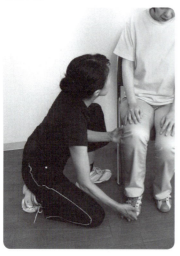 写真 1-20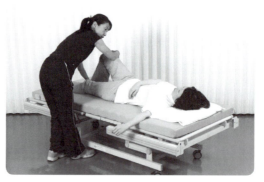

手元しか見ない介助はリスクが大きい
介助される人に話しかける
膝や靴と話さないように

(6) 必要最小限の声かけをする

　反対にやりすぎの声かけもあります。被介助者が自分で動こうとしているのに、介助者が声かけをしている場面によく出会います。この場合の声かけは不必要です。介助者は自分の不用意な声かけが、被介助者の動きや意欲を妨げていないか注意してください。

(7) お願いする

　私は介助での声かけは「お願い」だと思っています。
　医療や介護は対象者との共同作業です。
　介助者からすると、ご飯を食べてもらうのは大切な栄養補給でお年寄りのためにしている行為かもしれませんが、これはお年寄りの要望ではなく介助者の仕事です。今この時間にこれを食べてもらうというのは、介助者の仕事を遂行するためにお年寄りにしてもらっていることで、「ご飯を食べてください」というのは介助者からお年寄りへの"お願い"です。
　介助者の都合でお年寄りにお願いしているのですから、お年寄りからは YES だけでなく NO もあって当たり前で、NO が返ってきたときどうするのかで介助の有り様がみえてきます。説得して食べてもらうのか、上手に（ごまかして）食堂へ連れて行くのか、無理矢理食べてもらうのか、拒否される理由を考えて対応するのか、あきらめるのか、この食事はなしと判断するのか。
　相手や状況で、よりよい選択はその都度違います。でも、介助がお願いであることは変わりません。「一緒に動いていただけますか？」「お願いしていいですか？」そして、動いていただ

けたら「一緒に動いていただいてありがとうございました」なのです。

18　5つの基本⑤　ていねいな介助　その2　支え

　介助で大切なのは「支え」て「動きを伝える」ことです。
　「支え」がなければ、被介助者は安心して介助者に頼ることができず動けません。「支え」はすべての介助の基本になります。
　「支え」とは、何でしょう？　私たちが「支え」にしているものにはどんなものがあるでしょうか？
　手すり・介助バー・杖・歩行器・机・いすの背などですね。
　これらに共通する性質、働きは？
　「安定している」「頼りになる」「動かない」などです。
　支えの条件は「**動かない**」ことです。杖や歩行器は平行には移動しますが、支えの方向（上下）には動きません。
　私たちが被介助者の動きを引き出すためには、私たち自身が「頼りになる手すり―動かないもの」になることが必須です。「支え」ができて初めて頼りにされる介助者になります。
　介助者が支えとしての役割を果たせば、介助される人は自分の力を発揮し自分で立ち上がろうとしてくれます。

19　5つの基本⑤　ていねいな介助　その3　動きの伝え方

　「動きを伝える」際に、確認しておかなければならないことがあります。
　それは「重心の移動」です。
　地球上で重力を受けている限り、私たちが動くときには立っていても座っていても寝転んでいても重心の移動が不可欠で、私たちの動きには必ず重心の移動が伴います。
　支持基底面の中に重心が入っていなければ人は倒れます。
　お年寄りや障害のある人は、重心が支持基底面の外へ出てしまう（転倒する）、重心を必要なだけ動かせない、転倒が怖いので動かせない、など重心移動が上手にできなくなります。
　介助で介助者がすべき仕事は被介助者の手足を動かすことではなく、体重心を確認し、重心の移動を助けることです。相手に動いてもらったり動かしたりするためには、いかにこの重心移動をスムーズにサポートできるかにかかってくるといえます。
　そのための基本にあるのも、「支える」介助です。
　例えば、歩行の介助は「支え」と「動きを伝える」で成り立っている典型です。介助される

人が前のめりになって、足が出なくなったり、反対に早足になっていく場合のほとんどが、介助者がうまく支えきれておらず、重心移動をせずに下肢を前に出させようとしたり、必要以上に重心移動をさせたりすることが原因です（「歩行介助」190頁参照）。

歩行の介助と全く同じ要領で「立ち上がりの準備」のお尻を前に出す介助ができます。これはどんな姿勢でもできるので、車いすやトイレ、入浴介助でも役に立ちます（57〜59頁参照）。

関係のなさそうな寝返りや起き上がりもすべて「支え」と「動きを伝える」で成り立っています。

写真1-21　**歩行**

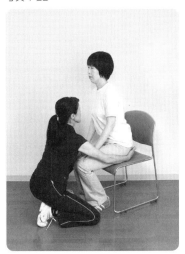

写真1-22

第2章

介助の基本

基本である「支え」と「動きの伝え方」をマスターすれば、ほとんどの介助はその応用です。

1 「構え」の練習

どの介助でも共通の姿勢です。
この構えの姿勢がすべての介助の基本になるので、無意識にできるようになってください。

❶ 気をつけの姿勢になる。

・足幅は足の間に自分の足が一足入る程度。肩幅より広いときは力任せの介助をしている。両足の土踏まずで立つイメージ。

写真 2-1

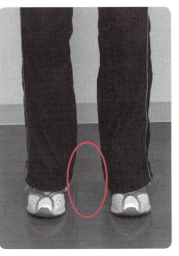

・体軸を意識して、重心を下腹に落とした分、背筋を伸ばして立つ。顎を引く。

写真 2-2

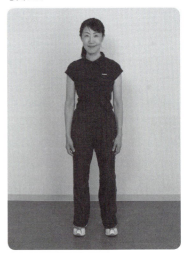

❷　中くらいの"前にならえ"をする。
・肘は、握りこぶし2個分、胸よりも前に出す。
・肩と肘と手首の軸をそろえる。手のひらも指もまっすぐに伸ばす。
・肩と肘の力を抜く。

写真 2-3

握りこぶし
2個分

2　「支え」の練習　①両手での支え

❶　2人で向かい合う。1人が支える役、1人が力を加える役。
❷　構えの姿勢になる。
❸　支える役は構えの姿勢から手のひらを上に、力を加える役は手のひらを下に向ける。

写真 2-4

❹　手のひらは平らにし、肩と肘の力を抜く。肘は伸ばしきらない。

❺ 2人の中指の末節同士を当てる。
・指先が触れ合う距離を保つ。姿勢を変えて調整するのではなく、介助者の立つ位置を変えて調節する。

写真 2-5
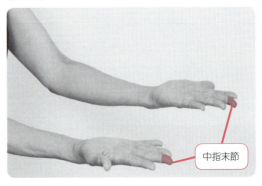
中指末節

❻ 鉛直方向に（床に対して、支える役は真上に、力を加える役は真下に）徐々に力を加える。支える役と力を加える役の力が釣り合って2人の手が上下に動かない状態になれば、支えができている。

写真 2-6

❼ 慣れてくれば、かなりの荷重に耐えることができるようになる。

支えの際の筋の使い方

介助あるいは支えの際の私たちの身体の使い方の特徴とは何でしょう。
私たちが動作をするときの筋肉の使い方にはいくつかのパターンがあります。

❶ 等張性筋収縮（アイソトーニック）の求心性筋収縮（名前は難しいので覚える必要はありません）

普通に思い浮かぶのはこの使い方です。等張性収縮（筋の長さが変化し関節の可動域の変化がある筋収縮。筋の張力は一定）で筋の長さが短縮していく働き方です。例えば、上腕二頭筋の求心性収縮では肘が曲がります。

❷ 等尺性筋収縮（アイソメトリック）

この収縮では筋の長さが変わらず関節の可動域にも変化はありません。上腕二頭筋が等尺性収縮をしても肘は曲がりません。筋は働いていますが関節は動いていません。

上腕二頭筋の等尺性筋収縮は、お盆を持つ（水平に保たないと上の物がこぼれる）、スーパーの買い物袋を下げる（長時間頑張る）、赤ちゃんを抱っこする（とても大切なものを扱う）、電車のつり革につかまっている（急ブレーキにも瞬時に反応する）など、日常生

活でも重要な働きをしていると同時に、普段でも私たちが無意識に使っている働きです。
❸ 等張性筋収縮の中の遠心性筋収縮

筋が伸びながら収縮していきます。お盆をゆっくりテーブルに乗せていくときの上腕二頭筋の働きです。筋は働いているのですが、筋の長さは短くならずに逆に長くなっていきます。いすに腰掛けていくときの大腿四頭筋（大腿の前面にある膝を伸ばす大きな筋肉）の働きもこれです。

介助に必要な筋の使い方は、❷等尺性筋収縮や❸遠心性筋収縮が主なのですが、多くの介助者が❶の求心性筋収縮で対応しようとしています。

自分が仕事をするので「やった感」を感じることができるからです。例えば、立ち上がりの介助のときには、介助される人を持ち上げようとして、自分の肘を曲げたり腕を上げたり、膝を伸ばす力で相手を立たそうとする❶の求心性筋収縮を使ってしまいます。

力を引き出す介助では、これまでのような介助者の「やった感」「介助した感」「お年寄りを助けた感」がありません。被介助者の適切な動きが出ているのにそれ以上動かしてしまう原因は、この勘違いの達成感にあるのかもしれません。

3　「支え」の練習　②片手での支え

❶　構えの姿勢になる。
❷　介助者役は支えに使う手を残して、片方の手は下ろす。
❸　介助者の残った手が支えになっているかどうか、被介助者役は上から力を加えて上下に動かないか確認する。
❹　動かないことを確認したら、介助者の前に背中を向けて立つ。
❺　介助者は介助される人の腕を持ち上げて、支える手を脇に差し込む。
❻　支えの手は手首、手のひら、指がまっすぐに伸び、力が抜けていること。

写真 2-7　片手支持の介助の手

ここで支える

> 間違った支えの手

写真 2-8

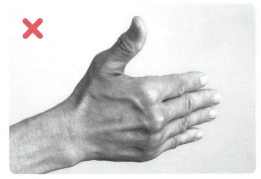

手首、手のひら、指が曲がって力が入っている。

写真 2-9

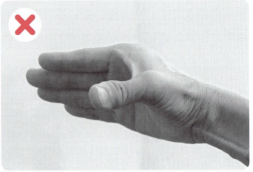

被介助者の腕をつかんでいる

❼　ここで前方と上方（持ち上げすぎるのは NG。痛みが出る）にしっかり当てていることが重要。

写真 2-10

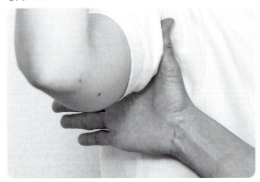

❽　介助される人はゆっくり膝を曲げて体重をかけ、介助者の手が支えてくれていることを確認する。

この片手での支えができれば、杖歩行の介助が可能です。

　実際の介助では、介助者は被介助者の前あるいは側方に立ち、前あるいは後ろから被介助者の脇を支えます。

写真 2-11

側方から右手で後ろから脇支持
左手で前から脇支持も可能

　また、被介助者が手すりを持って立ち上がる際の脇支持の介助ができるようになります。

　前方に立ち、前から入れた介助者の右手で、被介助者の右脇を支えて立ち上がってもらいます（写真 2-12）。

　被介助者の右側方に立って、被介助者の右脇を右手で前から支えての立ち上がりも可能です。

写真 2-12

4 「触れる」

　介助とはどのように相手と接するかです。「触れる」とは接する、接点を持つことです。相手の身体と自分の身体が接触していて、圧力や加速度をほとんど感じない状態が「触れる」です。

　「支え」で限界まで力を抜いた状態（支えの練習で指先と指先を合わせたとき）です。「触れる」とは「究極の支え」といえます。

　被介助者に動いてもらうには必ず「触れている」時間が必要です。力は加わっていないけれど確かに触れられている感覚を被介助者が知覚できれば、動きを誘導することができます。

　「触れる」「支える」ができていないときは、介助者が被介助者の腕を持ったり、つかんだり、引っ張ってしまうので、すぐわかります。

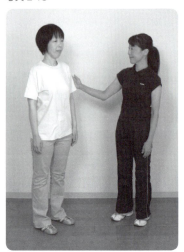

写真 2-13

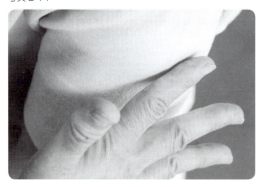

写真 2-14

これは被介助者に腕を上げていただく動きを介助しています。

写真 2-15　　　　　写真 2-16　　　　　写真 2-17　　　　　写真 2-18

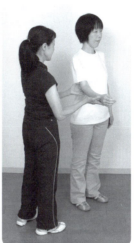

持つのではなく、支えることで介助される人の腕の動きが出てきます。

5 「動きの伝え方」の練習

重心移動は上下、前後、左右、斜めなどすべての方向に行われますが、今回はわかりやすい左右への重心移動を練習することにしましょう。

立ち直り反応を使った重心移動

鏡の前で右に重心を移動してみてください。

写真 2-19 のように傾いた姿勢になりませんでしたか？「右に体重をかけてみて」と言われるとこのような姿勢をとりがちですが、これは私たちが通常の動きの中でしている重心移動とは異なります。

あまり意識しないで、左足を軽く一歩前に出してみてください。

あなたの体は大きく右に移動しましたか？　あるいは大きく傾きましたか？　左足が一歩出るには必ず右側に重心が移っている瞬間があるはずですが、大きく右に傾いたり移動しなくても、体重移動ができています。

写真 2-19

写真 2-20 が日常の動きの中で自然にしている右への体重移動です。傾くのではなく左右の目、肩、骨盤などが平行のまま移動します。右下肢の上で背筋が上に伸びていくような感じです。これは「立ち直り反応」と呼ばれる私たちの正常な反応です。

写真 2-20
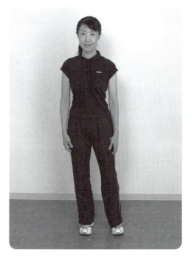

一般的な動きを理解したところで、次はそれをどう被介助者に伝えるかです。

写真 2-21 と 2-22 の 2 つの介助を見てください。介助の違いがわかりますか？

写真 2-21 は介助者が手だけで被介助者を右に動かしています。写真 2-22 は介助者自身が被介助者にやってほしい動き（右への体重移動）をして、それを被介助者に伝えています。

写真 2-21

写真 2-22
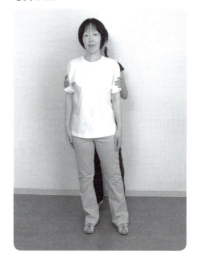

無理なく安定した動きを伝えるためには、写真 2-22 の介助をしましょう。

その際に注意することは、被介助者は介助者が動いた分だけ動く、被介助者が動ける分だけ介助者が動く、ということです。介助者と被介助者の動きはまったくシンクロします。また、介助者の姿勢も大切です。自分が下を向いていると被介助者も下を向いてしまいますし、自分の姿勢が歪んでいると被介助者の姿勢も歪んでしまいます。

❶　介助者は被介助者の後ろに立つ。被介助者の身体の中心線と自分の中心線を合わせる。
　　介助者、被介助者どちらも足の間隔は開きすぎない。両足の間は一足分開く程度。

❷ 介助者は構えの姿勢をとる。

写真 2-23

❸ 後ろから被介助者の上腕を持つ。上腕の中央あたり（三角筋の走行に沿って持つ）。
　被介助者との間隔に注意する。近づきすぎない。

写真 2-24

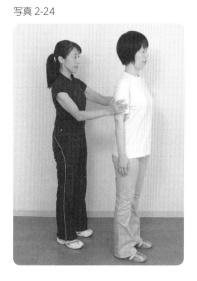

❹ 持ち方
　指の力を抜いて、親指と手の甲の方向に手首を曲げる（親指と人差し指の間の方向に手首を倒す。軽度前腕回外、手関節橈屈・背屈）。

写真 2-25

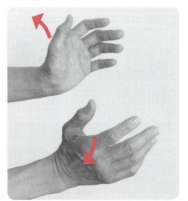

写真 2-26

よくある間違った持ち方

写真 2-27

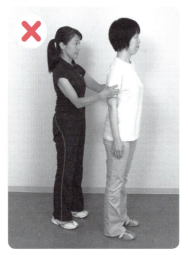

ぎゅっと力を入れて腕をつかんでいる。

写真 2-28

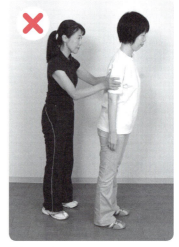

押している

写真 2-29

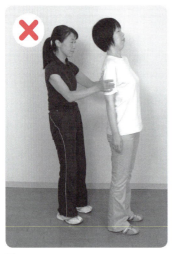

引いている

写真 2-30

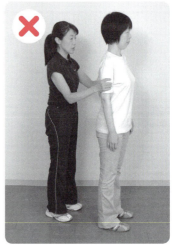

持ち上げている

❺ 介助者は声かけをし、被介助者に伝わったことを確認してから、一呼吸置いて右に重心を移す。

介助者は体幹〜肩〜上肢を固定して自分の動きを前の被介助者に伝える。

写真 2-31

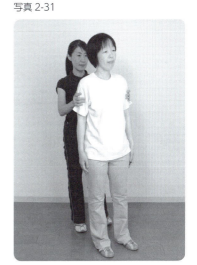

❻ 介助者が先に動いたり、被介助者を先に動かさないように注意する。

写真 2-32

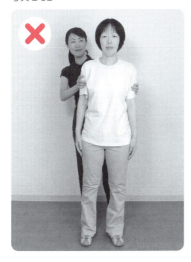

写真 2-33

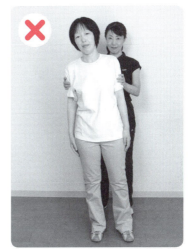

介助者と被介助者の動きは常にシンクロしています。介助者自身がよい動きをしないとそれが被介助者に伝わってしまいます。

介助者は自分の姿勢や動きの癖を理解して、介助時にはそれが被介助者に伝わらないように注意します。

第3章

立ち上がりの介助

1　立ち上がりの準備姿勢

　立ち上がりの前に必ずやっていただきたいことがあります。
　「準備の姿勢」をとることです。
　立ち上がるためには、準備の姿勢がとても大切です。健康な人であればどんな体勢からも立ち上がることができますが、機能が落ちた人の場合は準備姿勢ができているかどうかが、立ち上がりやすさや、場合によっては立ち上がれるか立ち上がれないかまでをも決定します。
　いすや車いすからの立ち上がり、ベッドから車いすへの移乗、トイレでの立ち上がりなど、どのような場面でも、また、どのような人にでも、例えば1人で立ち上がることができるお年寄りでも、必ず「準備の姿勢」になってから立ち上がっていただくようにします。
　立ち上がりの準備はこの3つです。介助の順序は決まっていません。

① お尻を前に出す（膝の前からお尻の後ろまでの半分がいすの上で、半分がいすからはみ出すくらいが目安）（写真3-2①）。
② 足を後ろに引く（膝の後ろから下ろした垂線が足首の前縁にくるぐらいが目安）（写真3-2②）。
③ 背もたれから背を起こして少しだけ前傾姿勢になる（写真3-2③）。

　どこまで前傾姿勢になればよいかは、他の2つの要素を満たした状態で体重が足底にかかる角度までです。上半身の動きだけでなく、骨盤も起きてきているか確認してください。高齢者や円背の人で骨盤が後傾位のままで固まっている場合は、できるところまでで構いません（介助の際の前方への体重移動を大きくすることで対応します）。前傾姿勢をとりすぎると立ち上がりの反応が出にくくなります。
　これらの3つを行った状態で両足底に体重がかかっているかどうか確認してください。
　確認方法は足を持ち上げずに前後に動かして、動かなければ体重がかかっています。スッと動くようであれば重心は後方に残っているので、3つの要素のうち何が足りないかを考えてください。慣れてくると、足を動かさなくても被介助者の全体を見るだけでわかるようになります。
　左右両方の足底に体重が乗ることが、立ち上がりの「準備の姿勢」になる目的です。

写真 3-1　立ち上がりの準備姿勢（正面）　　写真 3-2　立ち上がりの準備姿勢（横）

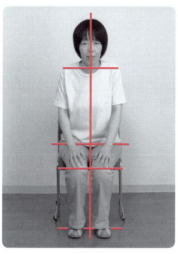 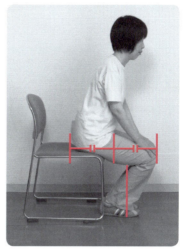

左右差がない。両足底に体重がかかる
① 縦のライン：頭頂と踵の中心を結んだ線が、鼻・胸・臍・骨盤・膝の中心を通る
② 水平のライン：左右の目、肩、骨盤、膝、踵が水平

① 浅く腰かける。いすに乗っているのはお尻の後面から膝の前面までの半分
② 踵が膝より後ろ
③ 軽度の前傾姿勢

1）背中をいすの背もたれから離す（軽い前傾姿勢）

❶ 「背もたれから背中を離していただけますか？」と声かけをする。

写真 3-3

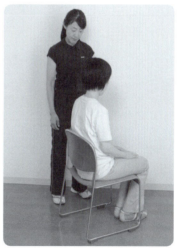

第 3 章　立ち上がりの介助

55

❷ 自分でできるところまで、背中を起こしてもらう。

写真 3-4

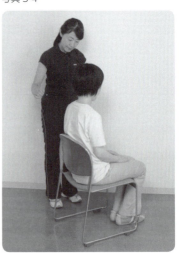

❸ 動きが止まったら介助を始める。
　指の DIP 関節付近を被介助者の背中に当てる（「触れる」46 頁参照）。
　軽く動くところまで背中を起こしていく。
　抵抗を感じたらそこで手を止める（背中を支えている状態）。
　抵抗がなくなり、再度動きが出たらもう少し背中を起こしていく。
　動くたびに「もう少し前に起こしていただけますか？」と声かけをしながら、この動きを繰り返す。

写真 3-5

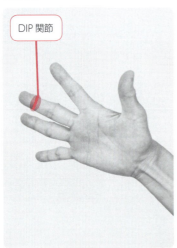

写真 3-6

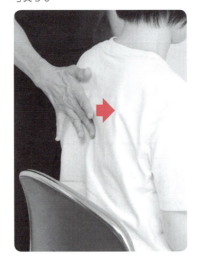

❹　被介助者の顔が下を向いていたり、背が丸いときは、介助者は、被介助者の背中を指で支えた状態で自分の背筋を伸ばし、その動きを相手に伝える。

　　被介助者の背中が伸びる。
　　声かけを忘れずに行う。

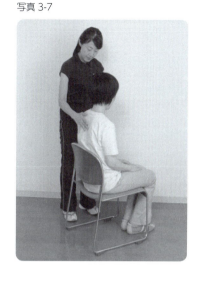
写真 3-7

❺　後方から両手での介助も可能。
　　同じように一気に起こすのではなく、支える（42頁参照）→誘導する→（被介助者）動く→支える→誘導する→（被介助者）動くを繰り返す。

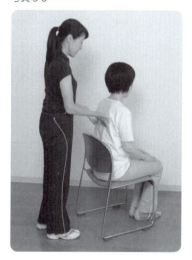
写真 3-8

2）浅く座り直す（被介助者の左から前に出る場合）

❶　「浅く座り直していただけますか？」と声かけをする。

　　介助者は左手で、被介助者の右の大転子の横で壁をつくる（被介助者が右に倒れずに、立ち直り反応（47頁〜参照）が出やすいようにする。車いすなどでスカートガードがある場合は必要ない）。

介助者の右手は下向きで手のひらは座面に当てる。前腕から親指の内側を被介助者の左のお尻のカーブに合わせる。

写真 3-9

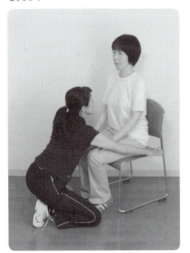

❷　介助者は❶の姿勢のまま肩から上肢を動かさず、左に体重をかける。
　介助者が左に体重移動すると、対面している被介助者は右に体重移動する。
　被介助者の左のお尻が座面から離れる。介助者の手のひらは、まだ下向きのまま。

写真 3-10

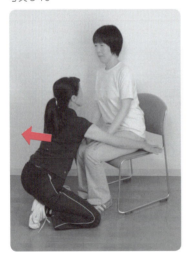

❸ 被介助者の左のお尻が浮いたら、介助者は親指を当てたまま右手のひらを上に向ける。
介助者の右手は被介助者の左のお尻を、右前腕は被介助者の左の大腿を支える。

写真 3-11

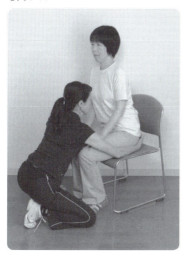
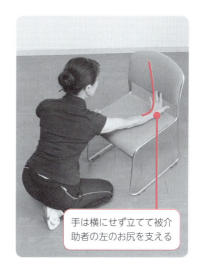

手は横にせず立てて被介助者の左のお尻を支える

❹ 介助者は右半身を後方に体重移動する（自分の右の肩と骨盤を後ろに引く）。
対面している被介助者の左のお尻が前方に出る。
ななめ後方に引かないように注意する。

写真 3-12

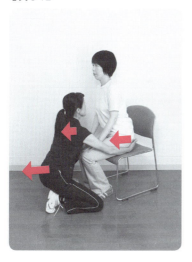

POINT

　❶～❹の動作の間、介助者の肩～上肢は固定されたままで、肘を曲げたり手を手前に引いたりして、被介助者を動かそうとしない。

　❶～❹の動作は１つひとつていねいに行う。続けて介助しても被介助者の動きを引き出すことはできない。歩行の介助と同じ動き（192頁参照）。

3）足を後ろに引く

　座ったまま足を後ろに引くという動きをしてみてください。膝が少し上に上がってから（股関節が屈曲してから）後ろに引く動きをしていることに気がつきます。人間のもつ協調された動きです。この膝が上がる動きを介助し、足を後方へ引く動きを引き出します。

❶　膝関節の後ろに人さし指か中指を当てる。

写真 3-13

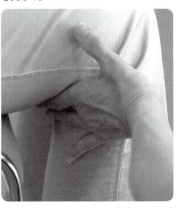

❷　膝関節の裏に当てた指を膝の上前方（膝蓋骨の方向）に押し出す。

写真 3-14

❸ 手首を小指が下がる方向に回す(前腕回内)。膝が曲がる。

写真 3-15

❹ つま先に添えた手で後ろへの動きを誘導する。

写真 3-16

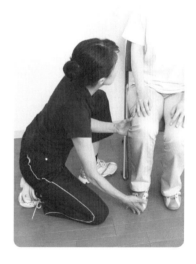

2　動きのパターンを体で感じる

　相手の動きを引き出すためには、被介助者の動きのパターンに合わせて介助します。介助者が代わっても被介助者の動きのパターンは同一でないといけません。
　被介助者1人ひとりの動きのパターンをつかむために、何人もの健常な人同士で練習をしましょう。

相手の動きのパターンに合わせる練習

　健常な人同士でペアを組み、被介助者役の人はいすに座り、介助者役の人は立ったまま向かい合います。この練習は介助をする練習ではありません。この練習では、被介助者は自分で立ち上がります。介助者は被介助者を介助せずに、ただ邪魔をしないでついていく練習をしてください。

❶　介助者は構えの姿勢、被介助者は立ち上がりの準備の姿勢をとります。
　　介助者は手のひらを上にして手を差し出す。
　　被介助者は介助者の手に軽く指先を乗せる。
　　被介助者は介助者の手を頼りにせず1人で立つ。座る。

写真 3-17

❷ 両者とも指の重みを意識し続ける。

　介助者はこの重みが変化しないよう、被介助者が立ったり座ったりする動きに合わせて、自分の手を動かしていく。

　被介助者は自分の動きで立ったり、座ったりする。自分の動きを介助者の手が邪魔しているようであれば、そのことを被介助者に伝える。

　この練習で介助者役と被介助者役は、一般的な立ち上がりのパターンを確認します。

写真 3-18

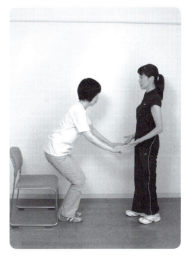

悪い例

介助者役が間違った自分の介助のパターンで被介助者役を立たせてしまう。

写真 3-19

おじぎをする（通常の動きと異なる。ロスが大きい）

写真 3-20

手を持ち上げる（重たい。立たされている）

一般的な立ち上がり

図 3-1 の赤いラインは立ち上がりの際の重心の軌跡です。

両足底がつくり出す支持基底面の中心に重心がきたときに〔4・5 の間 t-point〕、上に伸びていく動きが出始めます。

動き始め介助は、被介助者の基底面への体重移動を誘導するために、前方への動きになります（1 ～ 4）。

被介助者の重心が t-point にきたところで介助者は引く手を止めます。

※ t-point：被介助者の重心からの垂線が支持基底面の中心に落ちる時点－ここから被介助者の重力に抗して上へ伸びる動き（抗重力伸展）が出始める。

図 3-1　一般的な立ち上がり

広い支持基底面から狭い支持基底面に変化する。

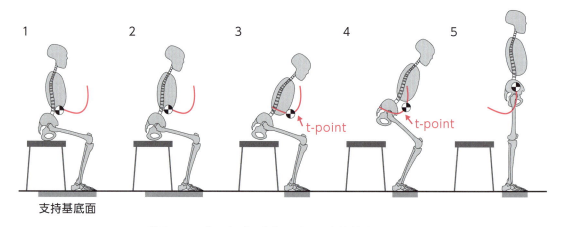

椅子からの立ち上がり動作の重心と支持基底面の関係

出典：勝平純司ほか著『介助にいかすバイオメカニクス』医学書院，55 頁，2011．を一部改変

座るときも、被介助者はできるだけ重心線を支持基底面の中に落としたまま座っていきます。

初めから重心を後方にすると、体を支えることができずにドシンと座面に腰を落としてしまいます。

重心線を支持基底面に落とした状態で座るためには、被介助者は上体を前傾し、股関節、膝関節、足関節を屈曲させなければなりません。

そのためには介助でも、介助者は手を引いて被介助者の前方への動きを介助する必要があります。

図 3-2　一般的な座り

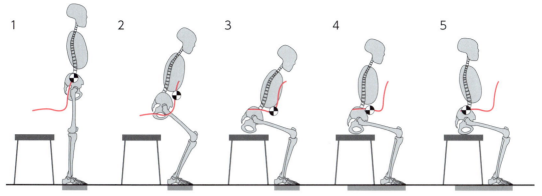

立ち上がりとは反対に狭い支持基底面から広い支持基底面に変化する。

椅子への座り動作の重心と支持基底面の関係

出典：図 3-1 と同じ

3　基本の立ち上がり

　立ち上がりでは「基本の立ち上がり」「体幹を支えての立ち上がり」「脇支持での立ち上がり」の 3 つの介助を練習していきます。

　「基本の立ち上がり」の介助は、立ち上がる能力はあっても誘導しないと動きが出にくい人に対して使用します。例えば認知症の人で自分で立てるはずなのに「立ってください」と言ってもなかなか立ってもらえないような場合や、膝が痛い、バランスが悪いなどの理由で立ち上がりが困難な人への介助に使えます。

　「基本の立ち上がり」で人間の立ち上がりのパターンや、それに合わせた介助の方法、相手の邪魔をしない介助などの立ち上がりの基本をしっかりマスターしてください。

 「基本の介助」とは

　この本では、「寝返り」や「起き上がり」でもまず「基本の介助」を学習します。「基本の介助」とは、比較的自分で動ける人に対して、その人の動きの邪魔をしないでついていく介助です。この介助で、それぞれの動作のパターン、特徴、介助の基本をしっかりと練習してください。そうすることで、次の介助が確実に楽にマスターできるようになります。

基本の立ち上がり

❶ 「トイレに行きませんか？」「食事に行きましょう」と動作の目的を説明する声かけをする。

　準備の姿勢になってもらう。

　介助が必要な場合は、「立ち上がりの準備姿勢」（54〜61頁）を参考に、背中をいすからはなし、浅く腰掛け、足を後ろに引く介助をする。

写真 3-21

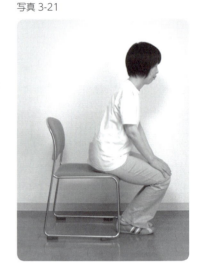

❷ 介助者は構えの姿勢でまっすぐに立ち、「支える手」をつくる。

　支える手：親指以外の4本の指は伸ばしたままで地面と垂直。この手が手すりの役割になる。

写真 3-22

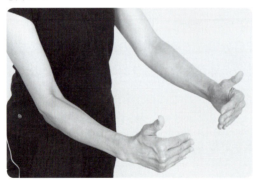

写真 3-23

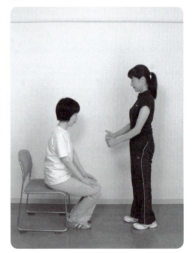

> **POINT**
>
> 介助者は肩、肘の力を抜き、背を伸ばす。体幹や「支える手」は、被介助者に引っ張られても動かないように支える。
>
> **注意** 肘は体幹から握りこぶし2個程度前で構える。左右の足は前後してもいいが、肩や骨盤は相手と並行になるように保つ。

誤った支えの手

写真 3-24

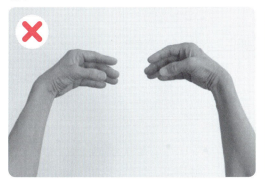

手首を内へ倒す

写真 3-25

被介助者の手を握る

写真 3-26

被介助者の手に親指をかける

写真 3-27

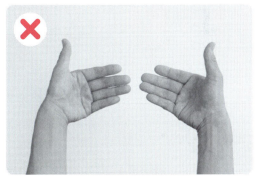

指を水平にする

❸ 差し出した手の上に、被介助者の手を置いてもらう。「立っていただけますか？」と声をかける。

写真 3-28

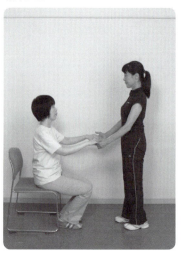

❹ 被介助者の表情などで声かけが伝わっていることが確認できたら、手を引いていく。
　介助者は、腕だけを動かし、体幹は動かさない。

写真 3-29

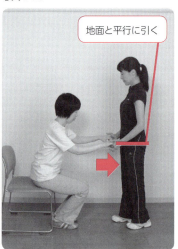

地面と平行に引く

手に同じ重み（緊張）を感じながら、手を地面と平行に後ろに引いていく。

❺ 被介助者の重心線が被介助者の足部支持基底面まできたところ（t-point）で、介助者は手を引くのを止める。

写真 3-30

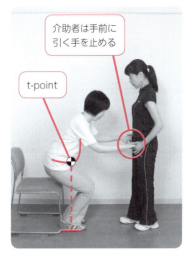

POINT

被介助者の重心から下ろした垂線が足部支持基底面に来たときに（t-point）、被介助者の股関節・膝関節・足関節・体幹が伸びはじめる。ここから重力に抗して体が上に伸びていく。重心が前後左右にぶれていないので、安定して立ち上がっていくことができる。また、すべての関節が同じように抗重力に働くので協調した無駄のない安定した動きで立つことができる（「図 3-1」64 頁参照）。

❻ 介助者は被介助者の立ち上がる動きが止まるまで、手の位置を t-point で変えず、そのままの姿勢で支える。

写真 3-31

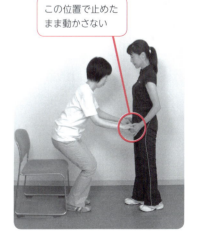

❼ 被介助者の立ち上がる動きが止まったら（この時点では被介助者はまだ少し前傾している）、相手の手の重みを感じながら肘をゆるめる。

　そうすると被介助者の背筋が伸びて重心が落ちる位置でまっすぐ立つことができる。

注意

　介助者が手を前に押し出すと、被介助者は後方に押されてしまう。

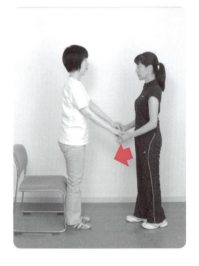
写真 3-32

4　基本の座り

座るときの準備姿勢

　腰を下ろすときの準備の姿勢は「まっすぐに立っていること」です。

　人の立ち座りには思った以上に前方への動きが必要です。前方への動きが少ないと転倒や怖さに結びつくので、介助者は被介助者と距離をおいて立つようにします。

座るときの準備姿勢

　被介助者がまっすぐに立っていることを確認する。被介助者と介助者との間隔は、肘が体幹前面よりも握りこぶし2つ分くらい前で、被介助者、介助者ともに肘が少し曲がり、余裕をもって手を握れる位置。

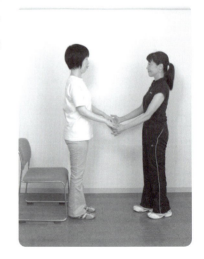
写真 3-33

座るときの介助

❶ 「支える手」(66 頁参照)をつくり、被介助者に持ってもらう。
　「座っていただけますか?」と声をかける。

写真 3-34

❷ 手に被介助者の手の重みを感じたまま、介助者は手を後ろに引く。

写真 3-35

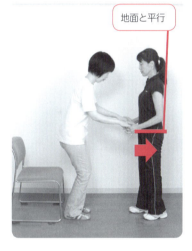

地面と平行

手は地面と平行に後ろに引いていく。

❸ 上半身が前傾になると、被介助者の股関節、膝関節、足関節が屈曲していく。両足底の間に重心線が落ちた時点で、介助者は手を止める（「図3-2」65頁参照）。

写真3-36

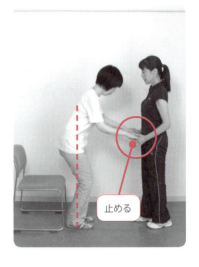

止める

❹ 被介助者は両足底がつくる基底面の中に重心線を落とした状態で座っていく。

写真3-37

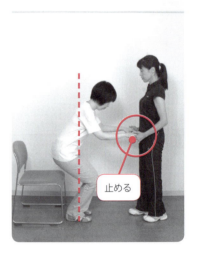

止める

❺ 被介助者が座面に腰を下ろし、上半身を起こす動きが止まるまで、手を同じ位置で支え続ける。

写真3-38

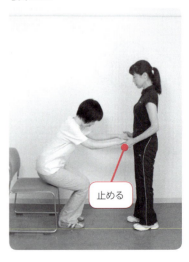

止める

❻　被介助者の手の重みで、介助者が肘をゆるめると、被介助者の体幹が起きて背筋が伸び、座位が落ち着く。

写真 3-39

5　体幹を支えた立ち上がりと座り

※介助の形は全介助ですが、支える面積が広くなっただけで、被介助者に動いてもらうという基本は変わりません。介助者が被介助者を抱きかかえて立ち上がらせる介助ではありません。

膝を支点に、角度を保ったまま立ち上がる

こんな姿勢で立ち上がりの介助をしていませんか？

　立ち上がり介助をするときによく目にするのが被介助者の膝と膝の間に足を入れて前かがみでふんばる姿勢です。この姿勢では介助者は腰を痛めてしまうだけでなく、とっさの動きに対応しづらく危険です。

写真3-40

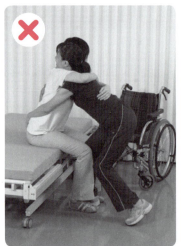
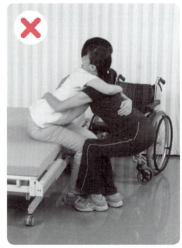
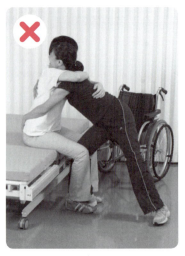

膝と膝の間に足を入れている　　腰を落としすぎ　　足を前後に開きすぎている

　力を引き出す介助では、介助者と被介助者が膝を支点にして、相手の重みを感じながらシーソーをするように立ち上がっていきます。介助者の力は被介助者を支えるための等尺性の筋収縮に使われるので、前かがみの姿勢で腰部や背部に力を入れる場面はほとんどありません。被介助者の動きに合わせて体を動かせばよく、腰痛を引き起こす危険性が非常に少なくなります。また、膝に膝を当てるこの介助は、被介助者の膝折れ（膝の力がガクンと抜ける現象）の防止にもなります。

体幹を支えた立ち上がり

❶ 「お食事はいかがですか？」と動作の目的を説明する声かけをする。

　立ち上がりの準備姿勢（54〜61頁参照）になってもらう。

写真3-41

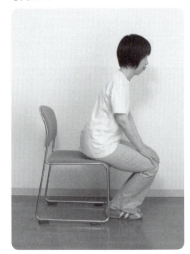

❷ 被介助者の片方の膝の前に立つ（基本は患側）。

写真 3-42

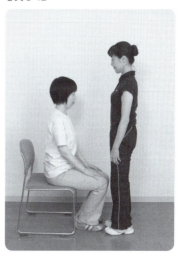

❸ 自分の両膝を合わせて被介助者の片方の膝に当てる。
　被介助者の膝を押し付けたり、挟み込んだりせず軽く当てる。
　相手との身長差がある場合は無理矢理に膝を合わせなくても構わない。ただし、自分の膝が相手より上であっても下であっても、膝を当てる動きは必要。

写真 3-43

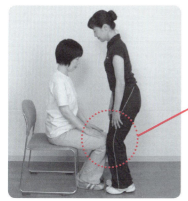 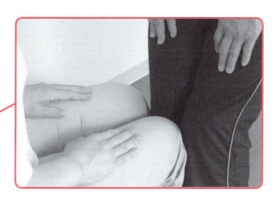

悪い例

写真 3-44

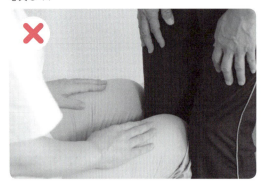
被介助者の膝を挟んでいる

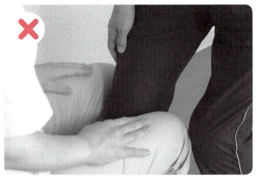
膝と膝の間に脚を入れる

❹　介助者は大腿の前面に両手を置いて、自分の上半身を固定する。

　　前方に体重をかけ、被介助者の肩のライン（上下ではなく前額面で）に介助者の顔がくるくらいまで、前かがみになる。

写真 3-45

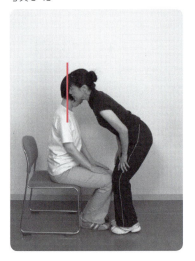

❺　「私の肩に腕を回してください」と声をかける。
　　腕を肩の後ろに回してもらう。

写真 3-46

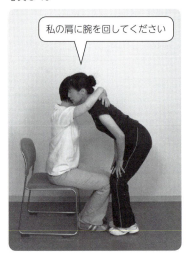

❻ 被介助者の肩のライン上で（前額面で）上に伸びる。
　介助者の肩に重み（負荷）がかかる。支えができた証拠。

写真 3-47

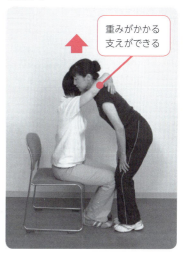

重みがかかる支えができる

❼ 介助者は被介助者の背中に腕を回す。
　回した腕は、被介助者の背中に触れているだけで、被介助者を持ったり抱きしめたりしない。
　「立っていただけますか？」と声をかける。

写真 3-48

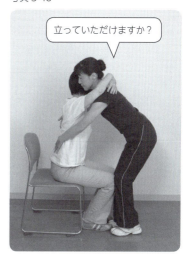

立っていただけますか？

❽ ❻で重み（負荷）がかかった方向と反対方向にもたれていく。
　介助者はこの姿勢を保ったまま自分の体重を後方に預ける。
　介助者はもたれるだけで、下向き（お辞儀をする）や、上向き（持ち上げる）方向への力は加えない。

写真 3-49

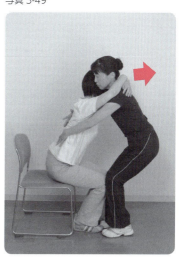

写真 3-50

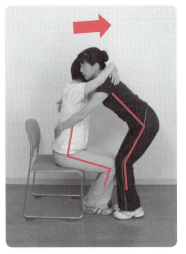 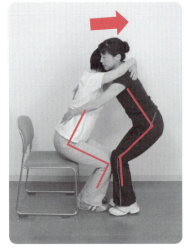

介助者と被介助者の双方がそれぞれ同じ角度を保つように、介助者は後ろに自分の体重をあずける

❾ 被介助者の重心が、後方から前方へ移動する。

　被介助者の重心線が被介助者の足底の中心まで来たら、（「t-point」（64頁参照）。「基本の立ち上がり」❺と同じ（69頁参照））後方への体重移動を止めてその位置で止まる。

写真 3-51

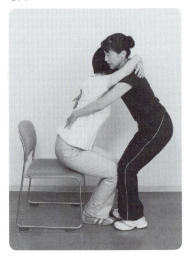

❿ 被介助者の膝が伸びて立ち上がる動きを感じる。

　先に被介助者が立ち上がっていく。介助者は遅れて立ち上がる。

写真 3-52

⑪ 腕の力をゆるめると、被介助者の体は重心の落ち着く位置に移動し、立位が安定する。

写真 3-53

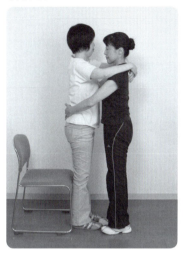

両者ともまっすぐに立つ。

双方がまっすぐ立つと、被介助者と介助者の間は隙間ができる。

体幹を支えた座り

❶ 声をかけ、肩に腕を回してもらう。

被介助者の背中に腕を回す。介助者の片手は被介助者の背中の上のほう（肩甲骨のあたり）に、もう片方の手は腰の近くに置く。

このときに被介助者を抱き寄せないようにする。

写真 3-54

❷ 「座っていただけますか？」と声をかける。

　背中の上のほうに置いた手（肩甲骨のあたり）で被介助者をそっと引き寄せる。このとき、下のほうの手は力を入れない。

　被介助者が前傾姿勢になると、被介助者の股関節・膝関節・足関節が屈曲していく。

写真 3-55

❸　被介助者の座る動きが出てくるが、介助者は膝を曲げたり前かがみになったりせず、何もしないでまっすぐに立ち続ける（「基本の座り」❸ 72 頁参照）。

写真 3-56

❹　被介助者がこれ以上腰が下ろせないというポイントで、介助者は被介助者の片方の膝に自分の両膝を当てる。

写真 3-57

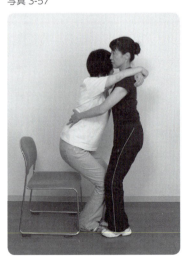

❺　介助者は、被介助者の動きに合わせて膝を曲げていくが、上体はできるだけ前傾しないようにまっすぐに下りていく。

　被介助者の体重を肩で支えながら（立つときと同様に後方にもたれながら）体を落とす。

　介助者が支え続けることができれば、被介助者がドスンと座ったり、被介助者と一緒に倒れこんだりすることはない。

写真 3-58

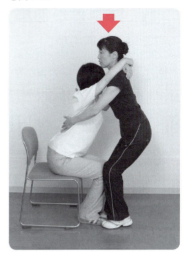

❻　座り終えたら体を離す。

写真 3-59

6　体格差がある人への立ち上がり介助

　腕が回らないほど被介助者の体が大きい、または背の高さが大きく違うといった場合、また片マヒやパーキンソン症候群などでよくみられる、体が突っ張る、緊張が強い、関節の可動域が少ないといったケースの介助に使います。

体格差がある人への介助　立ち上がり

❶　「お食事はいかがですか？」と動作の目的を説明する声かけをする。
　　立ち上がりの準備姿勢（54～61頁参照）になってもらう。

写真 3-60

❷　被介助者の片方の膝の前に立つ。
　　自分の両膝を合わせて被介助者の膝に当てる。無理矢理に膝を合わさなくてもよい。ただし、自分の膝が相手より上であっても下であっても、「膝を当てる」動きは必要。

　　被介助者に介助者の肩に手を回してもらう。
　　難しい場合はしてもらわなくてもよい。87頁からは被介助者が手を回していない場合。

写真 3-61

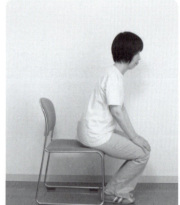

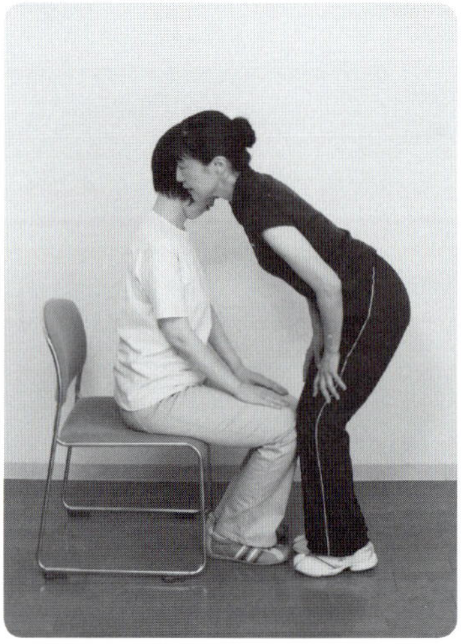

❸ 介助者は被介助者の背中に手を回す。介助者は被介助者とできるだけ距離をおく。
この介助では、被介助者の体幹に当てた介助者の手や前腕が支えになる。

写真 3-62

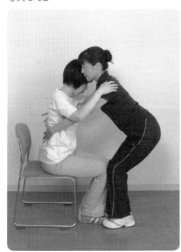
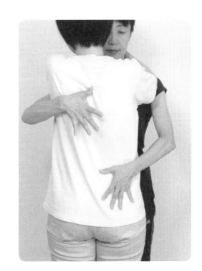

❹ 手、前腕で相手を支え、上のほうの手を手前に引く。
膝を支点にした後方への重心移動も行う。
被介助者の肘・股・足・背・体幹が上方へ伸びていく動きを感じたら、手前に引く動きを止める。
被介助者の立ち上がりを邪魔しないように遅れて立ち上がっていく。

写真 3-63

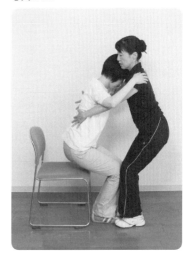

❺ 先に被介助者が立ち上がり、それに合わせて介助者は遅れて立ち上がる。

写真 3-64

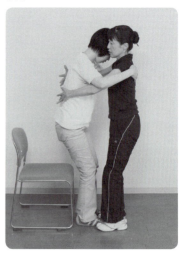

❻ 腕の力をゆるめると、被介助者の体は重心の落ち着く位置に移動し、立位が安定する。
　両者ともまっすぐに立つ。
　双方がまっすぐ立つと被介助者との間は少し離れる。

写真 3-65

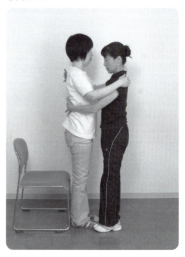

　反りが強い被介助者の場合は、立った後も膝を少しゆるめた姿勢で止めるようにする。

写真 3-66

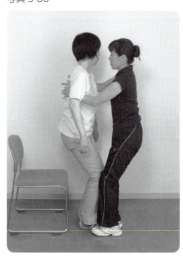

体格差がある人への介助　座る

❶　声をかけ、介助者の肩に手を回してもらう。

　介助者の片手は被介助者の背中の上のほう（肩甲骨のあたり）に、もう片方の手は腰の近くに置く。

　被介助者の背が低い場合や片マヒの人でマヒ側の腕が肩まで届きにくい場合は、無理に肩に手を回してもらわなくてもよい。

写真 3-67

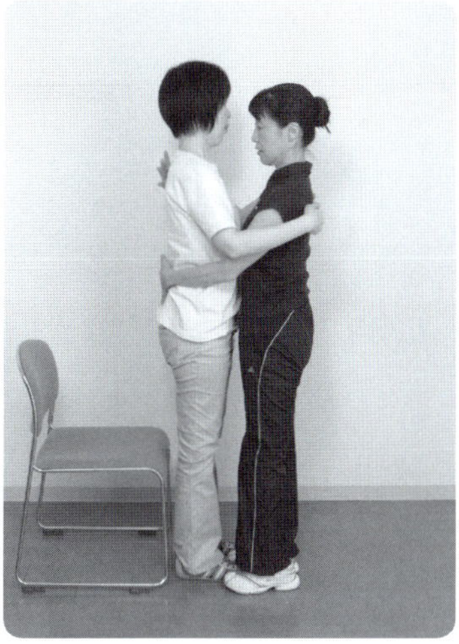

❷　「座っていただけますか？」と声をかける。

　上のほうの手（肩甲骨のあたりに置いた手）で被介助者を引き寄せる。

　被介助者の前傾姿勢が引き出され、腰を下ろす動きが出る。

写真 3-68

写真 3-69

❸ 介助者の手と前腕で、座っていく被介助者を支え続ける。

写真 3-70

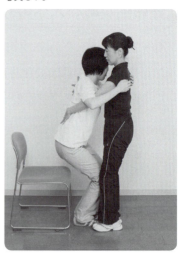

❹ 最後まで支え続ける。介助者はまっすぐ下りていく。

写真 3-71

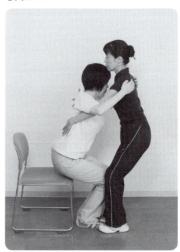

7 つっぱる人の立ち上がりと座り

　介助者は被介助者の後方への反りに負けないよう、自分の体を後方に傾けることで対応する。

　反りの強い人の場合は、最後まで背中の上方を支え続けると、被介助者の大きな力にも対応できる。

　立位になっても被介助者を完全に伸展位にならないように、少し前傾位を保ち下肢をゆるめておく。あまり曲げすぎると膝折れを起こすので注意する。

写真3-72　**立つ**

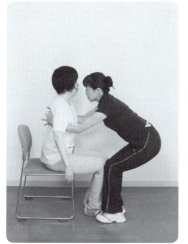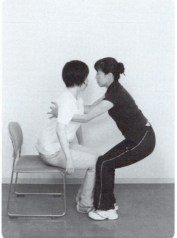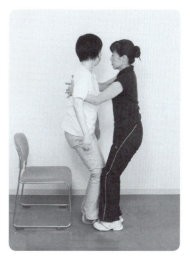

写真3-73　**座る**

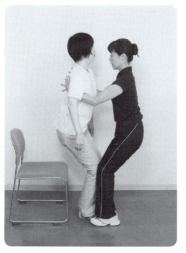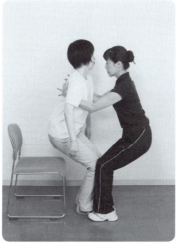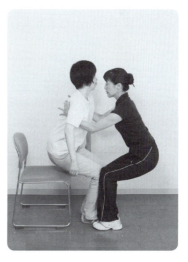

8 脇を支えての立ち上がり

　立ち上がりの介助には、「基本」「体幹を支えて」「脇支え」の3つの方法がありますが、この中でも一番使い勝手がいいのが、3つめの脇を介助しての立ち上がりです。
　片マヒはあってもマヒのない側の手で手すりを持てる人や認知症の人など、片方の手で手すりを持つことができる人ならば、軽度〜比較的重度の人までこの介助で立っていただくことが可能です。
　「患側の脇に手を差し込むと痛みを感じるのでは？」と思われるかもしれませんが、患側であっても介助する手の形を整えて介助をすれば、被介助者が痛みを感じることはほぼありません。

支える練習

　ペアを組み、「支え」の練習　②片手での支え（43頁〜参照）をできるようになるまで、何度も練習してください。

脇を支えての立ち上がり

※右マヒの人を例に説明していきます。

❶　声かけでこれから行う動作の目的を説明する。
　　「散歩に行かれませんか？」

写真3-74

「散歩に行かれませんか？」

❷ 立ち上がりの準備の姿勢になり、被介助者の左手（非マヒ側・健側）で介助バー（または手すり、机など）を持ってもらう。

　手すりは必ず持つ（片マヒの場合は非マヒ側）。
　上肢に健側、患側があれば健側で持つ。
　上肢の機能に左右差がなく、下肢に左右差があれば下肢の健側のほうの上肢で持つ。
　介助バーと対象者の座る位置は近すぎないように注意する。

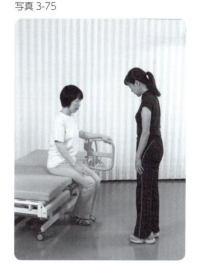
写真 3-75

❸ 介助者の立ち位置と姿勢

　介助者の脇と被介助者の脇が一直線上になる位置に立つ。
　介助者は足を前後にする。介助者の前の足のつま先が被介助者のつま先より先に出ない。
　被介助者と介助者の肩、骨盤は平行にする。

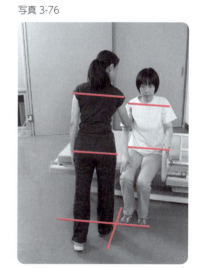
写真 3-76

❹ 介助者の右手を被介助者の右脇に入れる。介助者は上体を起こし、被介助者の右側を支える（43頁～参照）。

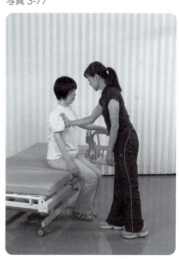
写真 3-77

第3章 立ち上がりの介助

このとき、介助者が手を持ち上げすぎると被介助者は痛い。反対に支えができていないと被介助者は支えられ感がなく、不安で動きを引き出すことができない。

❺ 「立っていただけますか？」と声をかけ、右手を平行に引く。

　介助者の手のひらや指はまっすぐのままで、被介助者の脇や腕をつかまない。支えができていれば、被介助者の脇や腕をつかまなくても、被介助者の身体は介助者の手の動きについてくる。

写真 3-78

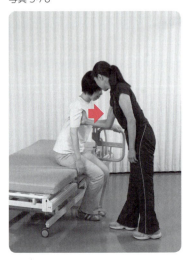

❻　被介助者の前傾姿勢が引き出され足底に体重が移ると、お尻が浮く。

写真 3-79

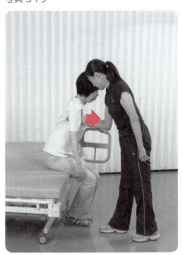

❼　被介助者の重心線が両足底の間にきて、股関節・膝関節・足関節・体幹が伸び始めたら、手の動きを止めて支える（「t-point」（64頁参照）。「基本の立ち上がり」❺と同じ（69頁参照））。

　被介助者を脇で支えながら動きを邪魔しないようについていく。

写真 3-80

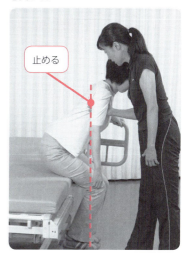

❽　背筋が伸びる位置まで誘導し、支え続ける。

写真 3-81

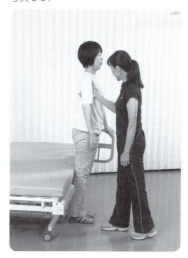

脇を介助して座る

❶ 被介助者がまっすぐ立っていることを確認する。
被介助者の右脇を右手で支える。
「座っていただけますか？」と声をかける。

写真 3-82

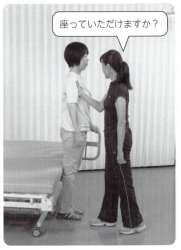

❷ 介助者は右手を手前に平行に引く。
被介助者の重心線が両足底の中心に落ちた時点で介助者は引く手を止める（「図 3-2」65 頁参照。「基本の座り」71 頁参照）。

写真 3-83

　介助者は被介助者の脇を支えている手を持ち上げたり、ゆるめたりしないように注意する。
　支えるといっても大きな力は必要としない。被介助者を重たく感じるなら、支えができていないか、誘導の方向が間違っているかも。

❸ 被介助者を支え続けながら座る動きについていく。

写真 3-84

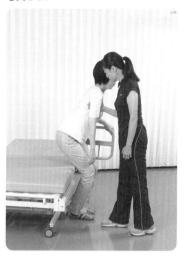

❹ 被介助者の重心線が両足底の間から後方に移動していくが、その間も支え続ける。

写真 3-85

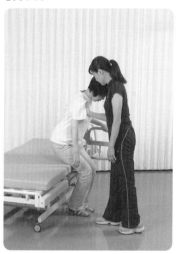

❺ 手前への支えがゆるまないよう、最後まで注意しながら座っていく。

写真 3-86

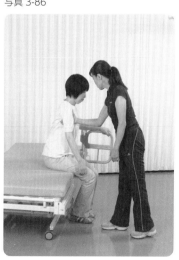

9 「介助バー」があれば、できることがぐんと増える

　寝返り、座位保持、立ち上がりなど、この介助法ではさまざまな場面で登場する「介助バー」。「ベッド柵と同じでしょ？」と、混同されることの多い「介助バー」ですが、その役割はベッド柵とは大きく違います。

　ベッドに座って「介助バー」を持つと、被介助者の腕は前に伸び立ち上がりの際に重要となる前傾姿勢がとりやすくなります。その結果、自分のペースでスムーズに立ち上がれるようになります。

　ベッドサイドにポータブルトイレを置いて用を足す場合も、介助バーがあればバーを持って自分で立ち上がり、ポータブルトイレに移乗し、バーにつかまりながらズボンやパンツの上げ下ろしができるようになるかもしれません。排泄後にお尻を自分で拭くことも可能になるかもしれません。

　また、座位保持ができない原因は、ベッドが低すぎるために重心が後方にあり、足底に体重がかかっていない場合がほとんどです。ベッドを高くしてお尻を前に出して、「介助バー」を持ってもらうことで、骨盤が起きて、重心が前方に移動します。体重が両足底にかかり、座位保持が自分でできるようになるお年寄りがたくさんいます。

　ベッドに「介助バー」を取り付けることで、自立の人も介助が必要な人も、自分でできることが確実に増えます。

写真 3-87

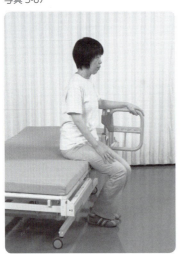
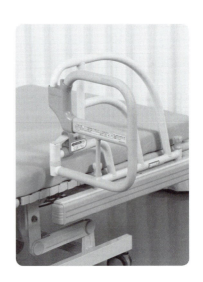

第4章

寝返り

1 寝返りには、その人のパターンがある

　寝返り（に限りませんが）は人によってそれぞれのパターンがあります。頭から寝返りはじめる人、肩から、腰から、大腿から、足先から、動きはじめる部位だけでも1人ひとり異なります。お年寄りにも当然その人の寝返りパターンがあります。
　介助が必要な場合でも、その人の動きの邪魔をしないよう注意します。

写真 4-1　**寝返りのパターン**

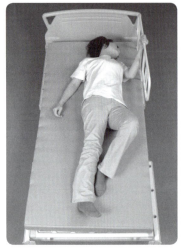
足から寝返るパターン

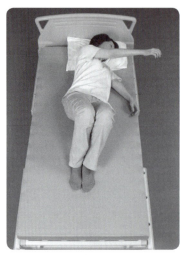
上半身から寝返るパターン

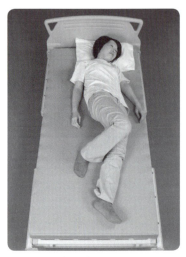
下半身から寝返るパターン

2 自分で動く

　寝返りの介助をする前に、対象者はどれくらいのレベルの人か、どんなことができるのかを確認します。
　ゆっくりでも自分で動ける人であれば、介助者は手を出さないようにします。たとえ、指先しか動かない、眼球しか動かないという人であっても、「寝返ってください」と声かけをして介助を行うことで介助は必ず軽くなります。
　無意識に手を出してしまいそうになりますが、手を出さずに動けるところは自分で動いてもらうようにしましょう。

　寝返りの介助は、人間の自然な反応である"体軸内回旋"を利用しています。
　私たちが動くときには、必ず身体のねじれを伴って、あるいは身体のねじれを利用して動いています。
　例えば一見、まっすぐのように思える直進歩行の場合でも、頭と肩は頸部で、肩と上肢は肩

関節で、肩と骨盤は体幹で、骨盤と下肢は股関節でというように、必ずねじれて（回旋して）います。

　私たちの身体の回旋は、動きをつくり出すだけでなく、動く際のエネルギーロスを少なくする、安定・安全性を高める、聴覚、視覚、平衡覚など大切な情報器官である頭部を水平に保つ、など重要な役目を果たしています。

　寝返りも同様です。眼球、頭、肩、体幹、骨盤…というようにねじれが動きをつくりだしていきます。

　だからこそ、膝を介助するだけで寝返りの動きを引き出すことができるのです。

　反対に、肩と膝、肩と腰というように2か所を持って介助者が転がしてしまうと、被介助者は自分で動くことができません。

　「寝返り」と「体位変換」「体位交換」は介助の方法だけでなく介助者の意識からしてもまったく別のものです。

　うまく動きを引き出せない場合でも、体幹のねじれをつくり出すことによって、胸郭や肺、上肢の可動域を拡大していくことができます。緊張をゆるめる、拘縮を予防する、排痰・呼吸機能の向上のためにも回旋を利用した寝返りはとても効果的で重要です。

3　寝返りの準備姿勢

まっすぐに寝る

　寝返りの準備の姿勢は"まっすぐに寝ていること"です。体の中心に軸が通り、左右が対象になるように整えます。

　仰臥位で以下を確認します。

❶　頭頂、鼻、臍、左右の膝や踵の中心を結ぶ縦の軸が通っているか。

❷　左右の目、肩、骨盤、膝、踵が水平か、傾き（ベッドからの高さの差）がないか。

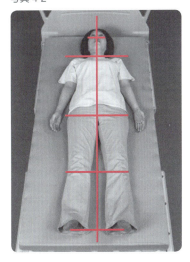

写真4-2

ベッド幅にゆとりをもたせる

　寝返るためにはベッドの幅が重要です。自由に体を動かせる私たちは、寝返りの途中で自然にお尻を後ろに移動して寝返りのスペースをつくりますが、お年寄りや身体の不自由な人にはそのような協調された動きができません。スペースがなければ、いくら寝返る能力があっても怖くて寝返りはできません。90cm幅のベッドでそのまま寝返るとベッドから転落する可能性もあります。

　できれば幅広タイプの介助ベッド（幅100cm以上）を選びましょう。レンタルであれば、さほど料金も変わりません。

　それが難しい場合は、いすや台を使うことで寝返りしやすい環境をつくることができます。幅にゆとりのあるベッドがあれば、寝返りだけでなく、その他の介助も楽になります。

ベッド幅が90cmの場合

　ベッド幅にゆとりがないため、寝返りの動きが途中で止まったり、寝返ったときにベッドから転落する危険があります。被介助者が怖くないように寝返ってもらうためには、寝返りのたびに左右へ移動してもらわなければなりません。これは介助者にとっても大きな負担になります。

写真4-3　ベッド幅が90cmの場合

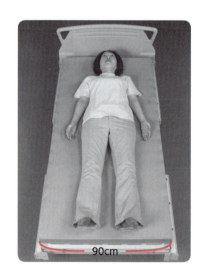

ベッド幅が 100cm の場合

しっかりと寝返ることができます。

写真 4-4　ベッド幅が 100cm の場合

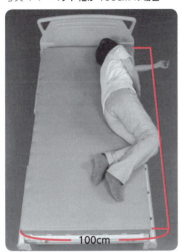
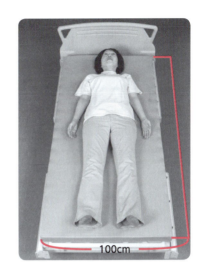

寝返る側にいすや台を置くことで、ベッドの幅を広げたときと同じような効果が得られます。

写真 4-5

ベッド柵を外す

寝返りの練習の際にはベッド柵を外します。

お年寄りが柵を持ったままで寝返ろうとすると、動きが途中で止まってしまいそのまま仰臥位に戻ってしまうことがよくあります。この状態では寝返りの練習をしても上達しません。

まずは、柵を取り外した状態で寝返りの練習をして、寝返るコツをつかんでもらいます。柵なしで寝返りができるようになれば、ベッド柵をつけてもスムーズな寝返りが可能です。

写真4-6

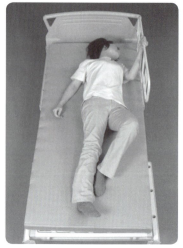

柵につかまると寝返りの動きが途中で止まってしまいます

4　基本の寝返り

寝返りの基本と介助の基本です。被介助者の体がベッドに触れる面積をできるだけ小さくし、体幹の回旋を利用して自分の力で寝返ってもらえるように介助します。

基本の寝返り

※左側に寝返る場合について説明していきます。

❶　「お食事に行かれませんか？」「こちらに寝返っていただけますか？」と目的を説明する声かけをする。

　ゆっくりではあっても自分で動ける人であれば、介助者は手を出さない。声かけだけで動けるだけ動いてもらうようにする。

写真4-7

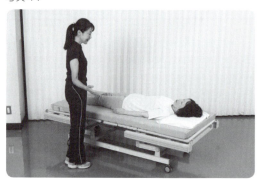

❷ 縦の軸・横の軸がまっすぐかを確認する。

写真 4-8

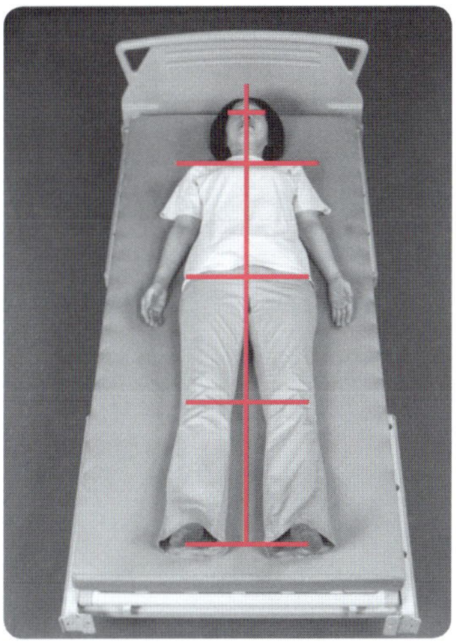

❸ 寝返る側にスペースがあるかを確認する。

左腕を 45°〜 90°開いてもらう。

右上肢はそのままにするか、お腹の上に乗せてもらう。

写真 4-9

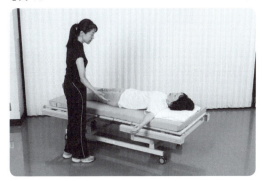

❹ 「膝を立てていただけますか？」と声をかける。

足底全体がベッドにつくように、踵をできるだけお尻に近づけて膝を立ててもらう。

本人の動きがでてこないようなら、膝の後ろを手で支えながら片方ずつ膝を立てる。

写真 4-10

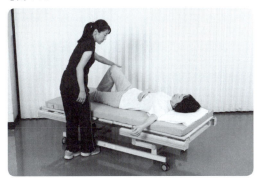

第4章 寝返り

> 膝を立てることで、被介助者の体とベッドとの接地面積が狭くなる。
> 膝の可動域制限がある場合は、その人ができるだけ曲がる位置まで。

写真 4-11

できるだけ膝を曲げ足底がベッドに着くようにする

写真 4-12

お尻と踵が離れすぎている

❺ 被介助者の脇から股関節の間に立つ。

写真 4-13

膝を介助するときの介助者の立ち位置は、被介助者の体幹部分です。

顔の近くに立つと、寝返るときに被介助者の手が介助者の体にぶつかったり、被介助者が圧迫感を感じて寝返りにくくなります。この位置にいれば、被介助者がベッドから落ちかけるようなことがあっても、介助者の体で被介助者の体を支えることができ、すぐに対処できます。

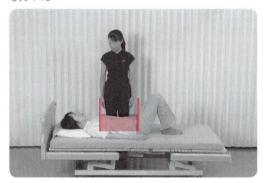

ベッドの高さは、介助しやすく、被介助者が怖さを感じない高さに調節してください。

❻ 「こちらに寝返っていただけますか？」
と声をかける。
　動きがなければ介助する。
　被介助者の膝を手前に引く。

写真 4-14

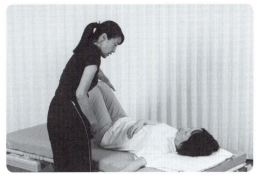

> **POINT**
> 指先をそらせて膝の横に当て（写真 4-15）、矢印の方向に引く（写真 4-16）。

手を当てる場所・当て方

写真 4-15

膝の側面の平坦な箇所（写真は右への寝返り）

平行に引く

写真 4-16

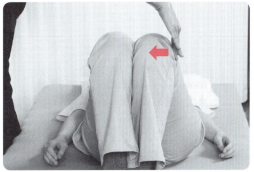

（写真は右への寝返り）

❼ 寝返りができ、側臥位になる。

写真 4-17

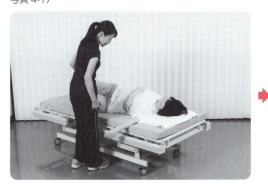

写真 4-18

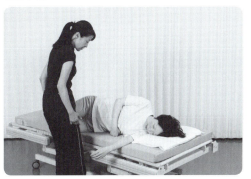

仰臥位に戻る

❶ 「仰向けに戻っていただけますか？」と声をかける。
　本人の動きが出てこないようなら、被介助者の膝を介助して上を向いてもらう。

写真 4-19
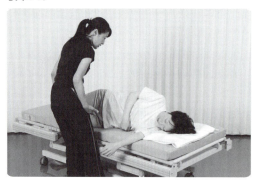

写真 4-20
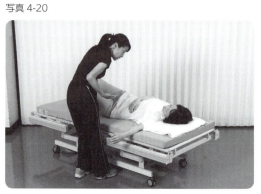

5　片マヒの寝返り

　片マヒの寝返りは、マヒ側へ寝返りをする場合と健側へ寝返りする場合とでは、必要な介助・注意するポイントが異なります。被介助者の体の特徴をよく理解して、全体を観察しながら介助することが大切です。

右マヒの典型的な歪みの例

写真 4-21　仰臥位
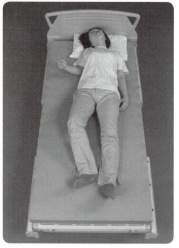

写真 4-22　立位
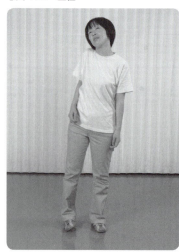

写真 4-23　座位
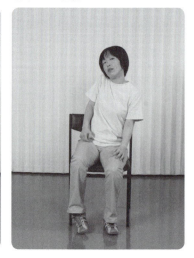

体の歪みを直す

　マヒ側の身体が歪んだまま、関節（特に肩関節）の保護をしないで寝返りしてしまうと、うまく寝返れないだけでなく痛みを引き起こします。介護現場やテキストでは、「マヒ側への寝返りはしないように」とされていることも多いかもしれませんが、実際には衣服の着脱、シーツ交換などの際にマヒ側への寝返りを行っています。「マヒ側への寝返り禁止」ではなく、どうすれば、片マヒの人のマヒ側に痛みがでないように寝返ることができるのかを考えましょう。

　片マヒの人の特徴は、左右の非対称性です。歪みを正して左右対称に軸を整えた状態で寝返ることが大切です。

　この項では、右片マヒを例に、頭部・頸部・上肢の歪みを整える方法を説明します。

❶ 「お食事に行きましょうか？」「こちらに寝返っていただいていいですか？」と声かけをする。

写真 4-24

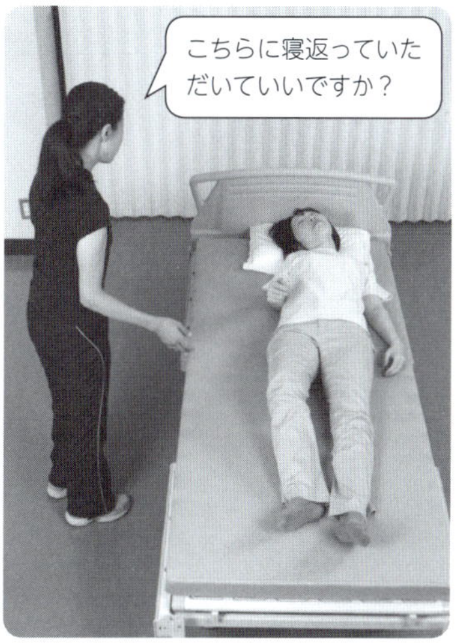

> こちらに寝返っていただいていいですか？

❷ 　介助者は右手の親指と中指で被介助者の右手首を支え上に持ち上げる。被介助者の肘がベッドから離れる。

写真 4-25

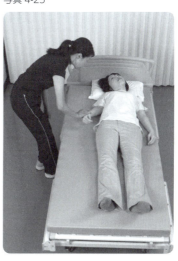

❸ 左手で被介助者の肘を下から支える。

写真 4-26

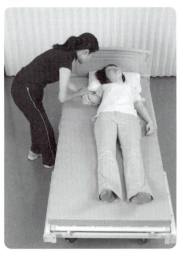

❹ 介助者は左手で肘、右手で手首を支えて、被介助者の腕を体から離し脇を開く（肩関節の外転）。

写真 4-27

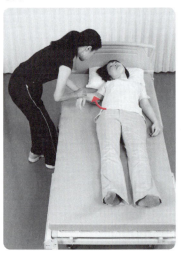

❺ 介助者は被介助者の肘を支えている手を、左手から右手に持ち替える。

写真 4-28

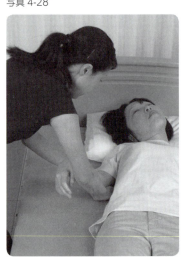

❻ 空いた左手を被介助者の肩に添える。

写真 4-29

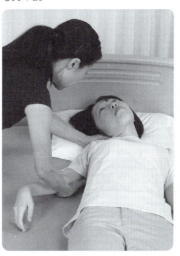

❼ 被介助者の肩に置いた左手と肘を支えている右手を同時に被介助者の足のほうに下げる。肩と腕が足の方向に下がる。

写真 4-30

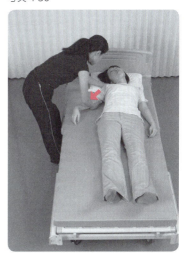

❽ 被介助者の肩が上がらないように、肩に置いた介助者の左手を動かさないようにしながら、右手で被介助者の脇を開く。

写真 4-31

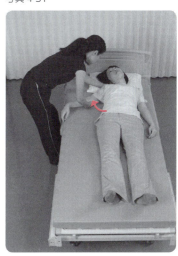

❾ この動作を繰り返し、少しずつ被介助者の肩を下げて、肘を開いていく。

写真 4-32

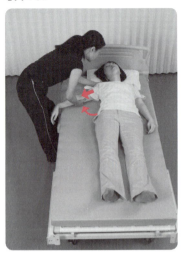

❿ 被介助者の左右の肩が対称になり、脇が 45°〜 90°開くところまで❼〜❾を繰り返す。

写真 4-33

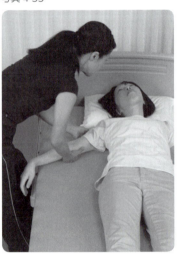

⓫ 「頭をまっすぐにしてください」と声をかける。

❶❷ 動きが出てこないようなら、被介助者の肩と側頭部に手を当てて介助する。

写真4-34

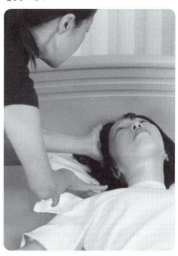

❶❸ 「頭をさわっていいですか」と声をかけ、首の後ろから両手を入れる。

　首が反り返っている状態になっているため、首の後ろを伸ばすようにし、頭部をまっすぐにして枕に下ろす。

写真4-35

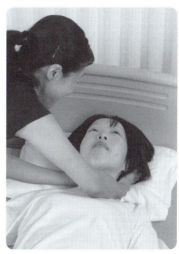

6　マヒ側への寝返り

マヒ側への寝返り

※右マヒを例に説明していきます。

❶ 「お食事に行かれませんか?」「こちらに寝返っていただいていいですか?」と声かけをする。

写真 4-36

こちらに寝返っていただいていいですか?

❷ 「体の歪みを直す❶～⓭」(105～109頁参照)の作業を行う。

その他の部位も歪みを直し、まっすぐになるように寝てもらう。

写真 4-37

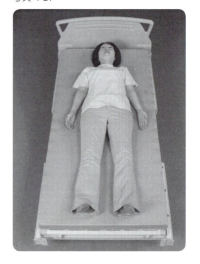

❸ 右腕は「体の歪みを直す❶～⓭」で既に開いているが、まだ動かせるようなら60°～90°まで開いてもらう。

❹ 「右膝を立てていただけますか?」と声をかける。本人の動きが出てこないようなら介助する。

膝を立てるのは左右どちらの膝からでもよい。

膝の裏を介助者の左手の中指で支えてマヒ側の膝を立てる。

介助者の右手中指は、被介助者の右足の

写真 4-38

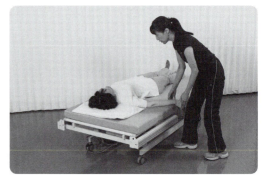

土踏まず周りに軽く添える。

決して右手で被介助者の足を押さないようにする。

下肢の曲げ伸ばしの際にベッドの上に腰を下ろし、被介助者と平行になると介助者の腰に負担がかからない。

ベッドの上に乗る場合は、必ず被介助者の承諾を得る。

写真 4-39

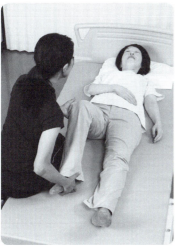

写真 4-40

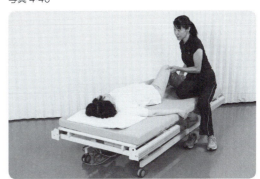

❺ 「左膝を立てていただけますか？」と声をかける。

非マヒ側（左脚）は自分で膝を立ててもらう。

写真 4-41

第 4 章 寝返り

❻ 「こちらに寝返っていただけますか？」と声をかける。

介助者の右手を被介助者の右膝に当て、地面と平行に手前に引く（「写真4-16」103頁参照）。

被介助者の寝返りの動きが出る。

写真4-42

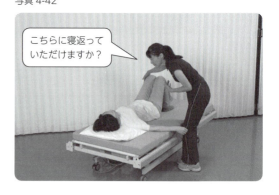

❼ 90°側臥位まで寝返ってもらう。

右腕が下敷きになっていないか、関節が引き込まれて痛みがでていないか確認する。

マヒ側が下の側臥位は長い時間は難しいので注意が必要。

写真4-43

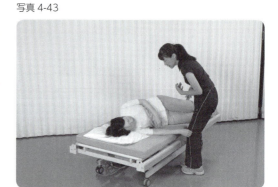

仰臥位に戻る

※右マヒの人を例に説明していきます。

❶ 「仰向けに戻っていただけますか？」と声をかける。

写真4-44

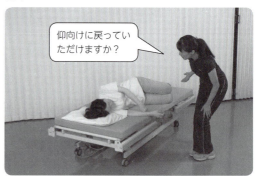

❷ 右手を被介助者の膝の下に入れ真上に上げる。被介助者の身体が仰臥位に戻る。

写真 4-45

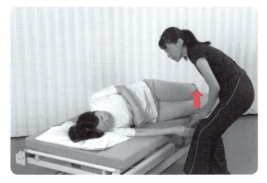

写真 4-46　**手の当て方、介助の方向**

❸ 「左足を伸ばしていただけますか？」と声をかけ、健側の膝は自分で伸ばしてもらう。

マヒ側の膝が倒れるようなら支えておく。

写真 4-47

左足を伸ばしていただけますか？

❹ マヒ側下肢のコントロールが難しい場合は介助する。

「右足を伸ばしてください」と声をかけ、被介助者の膝の裏に左手を当ててゆっくりと膝を伸ばす。

被介助者の脚が落ちたり突っ張って伸びないように、膝の裏に当てた左手で支えながらゆっくり静かに下ろしていく。

写真 4-48

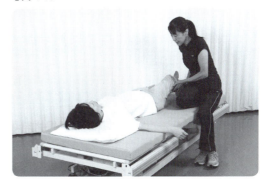

第 4 章　寝返り

❺ 右手がベッドから外へ出ていれば、ベッド上に戻す。

まっすぐの姿勢になっているか確認する。

写真 4-49

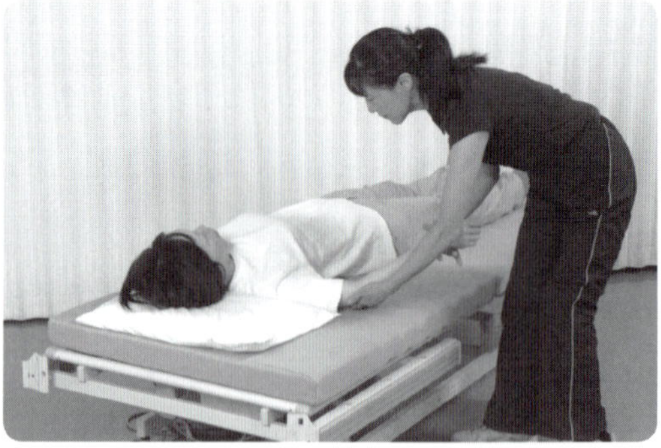

7 非マヒ側（健側）への寝返り

非マヒ側（健側）への寝返りは起き上がりに必要な動きですが、苦手な人が多いのも事実です。マヒ側の肩が持ち上がらず、取り残されてしまうからです。

健側への寝返りは、マヒ側が取り残されずについて寝返ることができるかどうかが重要なポイントです。

写真 4-50　マヒ側が取り残された寝返り

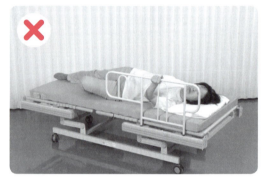

健側への寝返り

※右マヒの人を例に説明していきます。

❶ 「お食事に行かれませんか？」「こちらに寝返っていただけますか？」と声かけをする。

写真 4-51

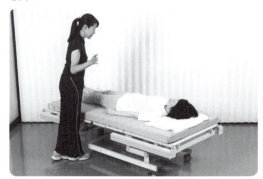

❷ 「体の歪みを直す❶〜⓭」（105〜109頁参照）の作業を行う。右上肢は開かなくてもよい。
　その他の部位も歪みを直し、まっすぐになるように寝てもらう。

写真 4-52

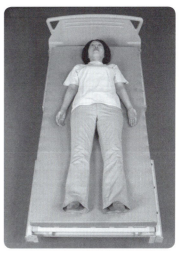

❸ 左腕を 60°〜90°開いてもらう。

写真 4-53

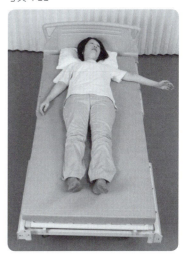

❹ 右腕（マヒ側）をお腹の上に乗せてもらう。
　動きが出てこない場合は介助する。できるだけ肘まで乗るようにする。

写真 4-54

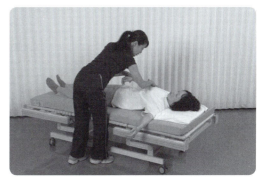

❺ 「右膝を立てていただけますか?」と声をかける。

　本人の動きが出てこなければ、マヒ側の膝の裏を介助者の手指で支えて膝を立てる。

　介助者の反対側の手は被介助者の右足の土踏まずの周りに軽く添える。

注意

　マヒ側の膝が伸びたり外へ倒れるようなら、マヒ側の膝の裏を介助者の左手の中指で軽く持ち上げて、膝を止めておく。

　足が浮いてしまうのは持ち上げすぎ。

写真 4-55

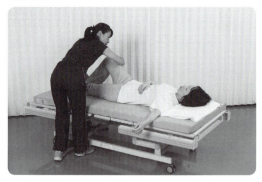

❻ 「左膝を立てていただけますか?」と声をかけ、健側は自分で膝を立ててもらう。

写真 4-56

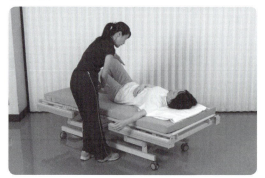

❼ 「こちらに寝返っていただけますか?」と声をかける。

写真 4-57

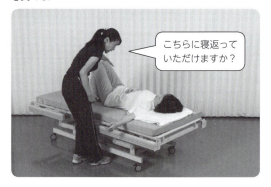

こちらに寝返っていただけますか?

❽ 被介助者の膝を手前に引く（「写真4-16」103頁参照）。

注意

マヒ側の膝が伸びたり、倒れたりする場合は、膝の裏を軽く持ち上げたまま円弧を描くように手前に引く。

写真4-58

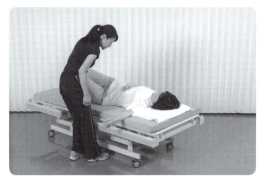

❾ 寝返りが完了し、側臥位になる。

写真4-59

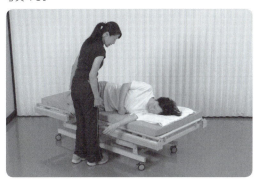

❿ 被介助者のマヒ側の手（右手）が曲がったり下敷きになっていれば直す。

痛みが出ないように、ていねいに両手で行う。

写真4-60

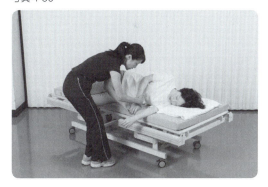

仰臥位に戻る

※右マヒの人を例に説明していきます。

❶ 「仰向けに戻っていただけますか？」と声をかけ、自分で仰臥位に戻ってもらう。

写真 4-61

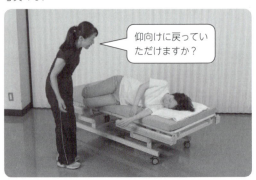

（吹き出し）仰向けに戻っていただけますか？

❷ 動きが出てこないようなら、膝を介助して仰臥位に戻す（113頁❷参照）。
　右膝が倒れる場合は、左手の中指で被介助者の膝の裏を持ち上げたまま、右手と両方で円弧を描くように仰臥位まで誘導する。

写真 4-62

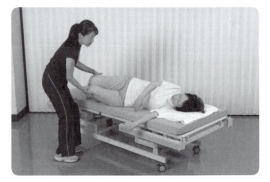

❸ 仰臥位になる。

写真 4-63

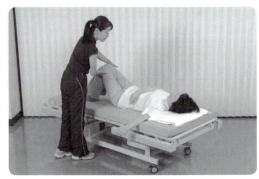

❹ 「左足を伸ばしてください」と声をかけ、非マヒ側（健側）の膝は自分で伸ばしてもらう。

マヒ側が伸びてしまう場合はマヒ側が落ちないように支えておく。

写真 4-64

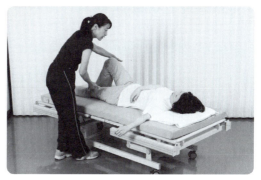

❺ 「右足を伸ばしてください」と声をかける。

マヒ側の動きのコントロールがうまくできずに、バタンと落ちてしまうような場合は介助する。膝の裏に手を当ててゆっくりと膝を伸ばす。

写真 4-65

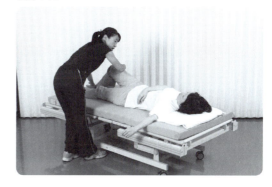

❻ 右手を元に戻す。

姿勢がまっすぐになっているかチェックする。

左手は自分で戻してもらう。

写真 4-66

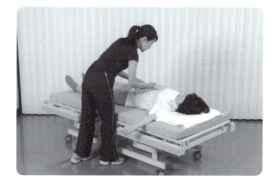

8　弛緩性マヒ

　ほぼ筋肉の緊張のない弛緩性マヒの人の寝返り介助を説明します。この方法は、片マヒ以外の動きがほとんどない人の寝返りにも応用することができます。寝返ったときに弛緩した足が倒れてはいけないので、両膝をしっかり支えて寝返ってもらいます。

弛緩性マヒの寝返り

※右マヒの人を例に説明していきます。

❶ 「お食事に行かれますか?」「こちらに寝返っていただけますか?」と声かけをする。

写真 4-67

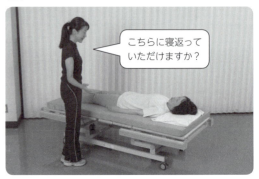

❷ 「体の歪みを直す❶〜⓭」(105〜109頁参照)の作業を行う。

その他の部位も傾きを直し、まっすぐになるように寝てもらう。

写真 4-68

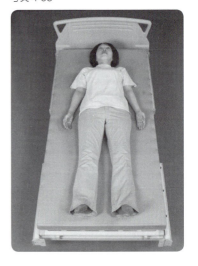

❸ 寝返る側(左)の腕を60°〜90°開いてもらう。

写真 4-69

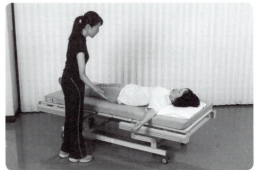

❹ 反対側の上肢はお腹の上に乗せる。

写真 4-70

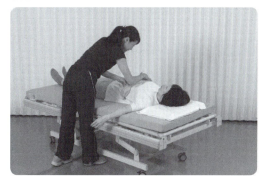

❺ 「足を曲げます」と声をかけ、片方ずつ膝を立てる。

写真 4-71

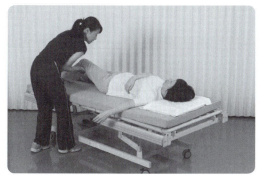
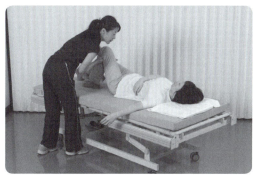

❻ 「こちらに寝返っていただけますか？」と声をかける。

被介助者の両膝を両手で円弧を描くようにして少し持ち上げぎみで（ベッドから浮かさないように）手前に引く。

写真 4-72

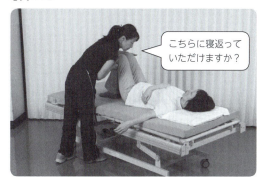

こちらに寝返っていただけますか？

POINT ....

体の軸を保ったまま介助する。

❼ 途中で動きが止まった場合のみ、介助者の右手を肩のあたりに添えて上半身の寝返りを介助する。

写真 4-73

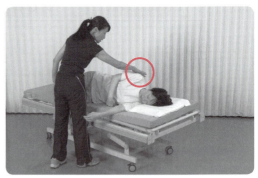

❽ 寝返り完了。
肩や手が下敷きになっていないかチェックする。

写真 4-74

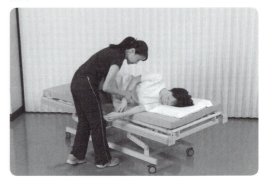

仰臥位に戻る

※右マヒの人を例に説明していきます。

❶ 「仰向けに戻っていただけますか？」と声をかける。
　被介助者の両膝を持つ。
　仰臥位に戻る介助時には、立ち位置は必ずしも体幹に入っていなくても構わない。やや足側に立ち、被介助者の安全を確認しながら介助する。
　軸を保ったまま、被介助者の顔を見ながら仰臥位に戻していく。

写真 4-75

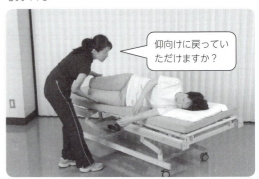

「仰向けに戻っていただけますか？」

❷ 仰臥位になる。

　身体の軸が通っているか確認する。

写真 4-76

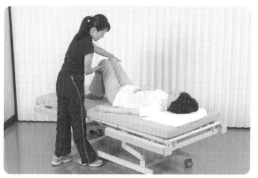

❸ 「足を下ろしていただいていいですか？」と声をかける。

　膝の裏に手を当てて片足ずつゆっくりと膝を伸ばしていく。

　股、膝、足が一直線に並ぶように、体をまっすぐにする。

写真 4-77

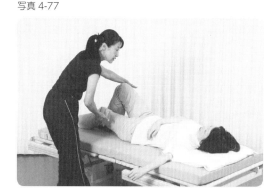

膝が曲がらない場合の寝返り

　膝は曲がれば寝返りしやすくはなりますが、曲がらないと寝返りできないわけではありません。

　写真 4-78 は右の膝に可動域制限があり、膝も股関節も伸展したままの寝返りです。

写真 4-78

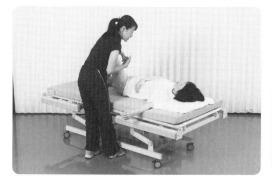 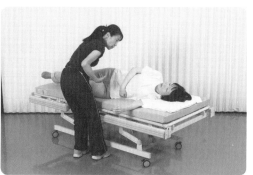

写真4-79は両側に可動域制限があり、左右の下肢が伸展したままの寝返りです。

写真4-79

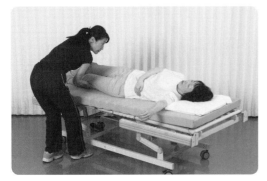
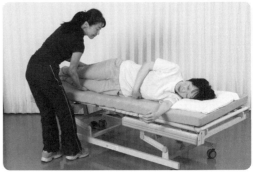

完全に曲がらなくても被介助者の可能な範囲で曲げてもらえば、寝返りは可能です。

第5章

ベッド上での移動

1 ベッド上で動くことができれば人生が変わる

　寝たきりとはいえベッドで天井を向くしかないときと、ベッドの上だけでも自分の力で寝返ったり、お尻を上げたり、上下や左右に移動できるときとでは、精神的・肉体的苦痛や自由度は大きく変わります。できるだけ自分で動いてもらえるよう意識して介助していけば、限られた難病の人以外は、お尻上げや寝返りをしていただけるようになります。

2 ベッド上で動くための基本は「お尻上げ」

　介助するときも背中やお尻がベッドについたまま、被介助者を動かしてしまうのではなく、お尻を上げてもらってから上下左右に移動します。

お尻上げの介助

❶　被介助者の膝を立てて、足の裏をベッドにつけてもらう（介助が必要なら介助を行う。111頁POINT参照）。
　足の裏がベッドにしっかりと着いて、体重がかかることが大切。膝の下に踵がくるくらいの角度が目安となる。マヒや拘縮のある人でも、その人の可動域いっぱいまで膝を曲げてもらう。

写真5-1
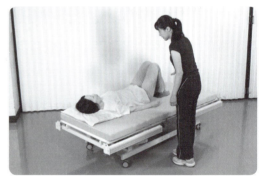

❷　被介助者の膝より少し上（股関節側）の位置に、介助者の両手の拇指球付近を当てる。

写真5-2
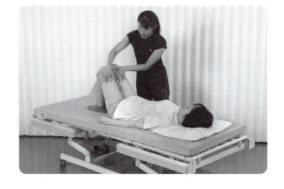

膝の下に踵がくるくらいまで膝を曲げる。

写真 5-3

写真 5-4　手を当てるところ

被介助者の膝より少し上（股関節側）

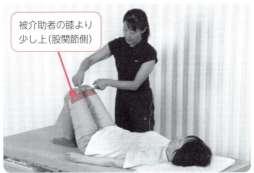

写真 5-5

拇指球を使う

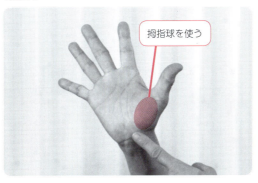

❸　お尻を上げてもらうように被介助者に声かけをする。当てた手を矢印の方向に押すと被介助者の足底に体重がかかり、お尻が上げやすくなる。

写真 5-6

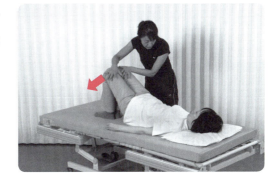

❹　お尻が浮いた状態。

写真 5-7

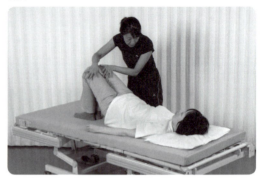

❺　お尻を下ろしてもらうように被介助者に声かけをし、膝を押す力をゆるめると、お尻が下がる。

写真 5-8

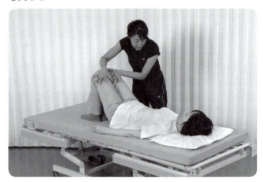

脇で介助する（応用編）

❶　膝を立ててもらい、足の裏がベッドにしっかりついていることを確認する。

写真 5-9

❷ 介助者は被介助者にベッドに上がることを断ってから、被介助者の横に腰を下ろす。左右どちらに座ってもよい（以下の説明は介助者の右から介助する場合）。

介助者の右脇（肩甲骨の外側縁）を被介助者の右膝の股関節寄り（127頁POINT参照）に、上腕の肘より少し上のあたりを被介助者の左膝の同様の箇所に当てる。

写真5-10

介助者の右上腕の肘より少し上の部分を被介助者の左膝に当てる

介助者の右肩甲骨外側縁を被介助者の右膝に当てる

被介助者の膝のあたりに、座った介助者の股関節のラインがある

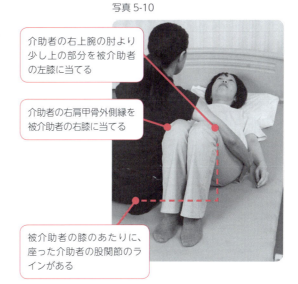

❸ 「お尻を上げていただけますか？」と声をかける。

介助者は上体を後方に傾け、被介助者の踵のほうに体重をかける。

踵に体重がかかるとお尻が上がる。

写真5-11

お尻を上げていただけますか？

第5章 ベッド上での移動

3　ベッド上で上下左右に移動する

お尻を右に移動する

❶ 「お尻を右にずらしてもらっていいですか？」と声かけをする。
　膝を立ててもらい、足の裏がベッドにしっかりついていることを確認する。
　片方の脇と上腕で被介助者の膝を固定する（脇で上げる、129頁❷参照）。

写真5-12

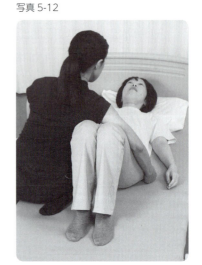

❷ 「お尻を上げていただけますか？」と声をかける。
　脇と上腕で被介助者の膝を固定したまま、介助者は上体を後方に傾ける。踵の方向に力が加わり、お尻が上がりやすくなる。
　両手は軽く骨盤を支えておく。

写真5-13

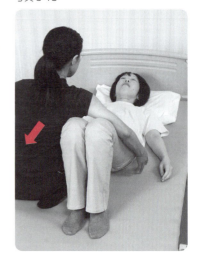

❸　お尻が浮いたことを確認し、「お尻を右へ動かしていただいていいですか？」と声をかける。

　被介助者の動きに合わせ両手でお尻を右へ誘導する。

　介助者の体は被介助者の膝を固定したまま動かない。被介助者の右への動きについていかないように注意する。

写真 5-14

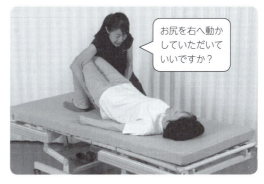

お尻を右へ動かしていただいていいですか？

❹　お尻を下ろしてもらう。

写真 5-15

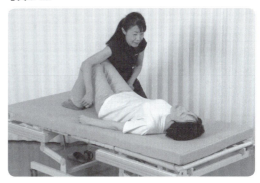

上に上がる

❶　「頭のほうへ上がりましょう」と声かけをする。

　膝を立ててもらい、足の裏がベッドにしっかりついていることを確認する。

　片方の脇と上腕で、被介助者の膝を固定する（脇で上げる、129頁❷参照）。

写真 5-16

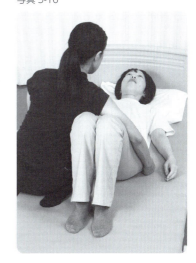

❷ 「お尻を上げていただけますか?」と声をかける。

脇と上腕で被介助者の膝を固定し、上体を後方に傾ける。踵に被介助者の体重が乗り、お尻が上がりやすくなる。

両手は軽く骨盤を支えておく。

写真 5-17

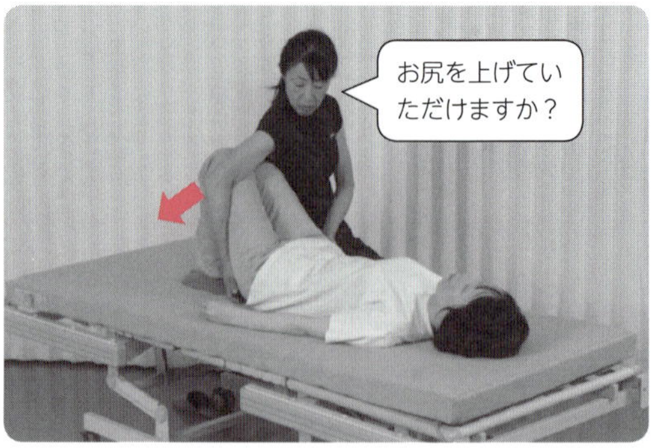

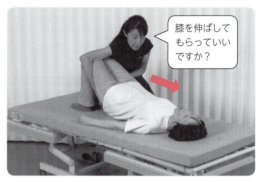

❸ 「頭のほうへ上がります」「膝を伸ばしてもらっていいですか?」と声をかける。

被介助者が膝を伸ばし始める動きを感じたら、両手でお尻をベッドの上の方向へ誘導する。

写真 5-18

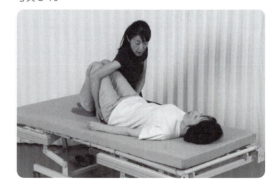

❹ 上に移動し、動きが止まったらお尻を下ろす。

写真 5-19

足元に下がる

❶ 「下へ移動しましょう」と声をかける。
　膝を立ててもらい、足の裏がベッドにしっかりついていることを確認する。
　片方の脇と上腕で、被介助者の膝を固定する（脇で上げる、129頁❷参照）。

写真 5-20

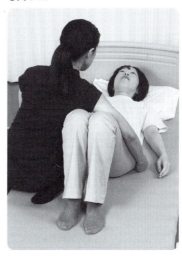

❷ 「お尻を上げていただけますか？」と声をかける。
　脇と上腕で被介助者の膝を固定し、上体を後方に傾ける。
　踵に被介助者の体重が乗り、お尻が上がりやすくなる。
　両手は軽く骨盤を支えておく。

写真 5-21

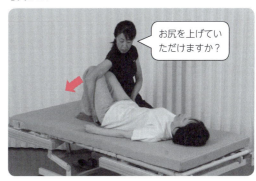

お尻を上げていただけますか？

❸ 「足のほうへ下がりましょう」「膝を曲げてきていただけますか？」と声をかける。
　被介助者の動きが出てから、下へ誘導する。

写真 5-22

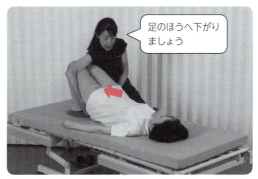

足のほうへ下がりましょう

❹ お尻を下ろす。

写真 5-23

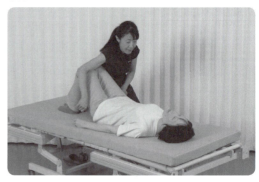

横からの介助（応用編）

横からの介助で、被介助者のお尻を上げ、移動してもらうことも可能です。

その場合でも被介助者の動きを感じて引き出し、足らないところだけを援助していくという基本は同じです。

上下へ移動する（被介助者の左から介助する場合）

❶ 「上のほうへ上がりましょう」と声かけをする。

介助者は被介助者の膝の股関節寄り（「写真 5-4」127頁参照）に左の前腕を当てる。

写真 5-24

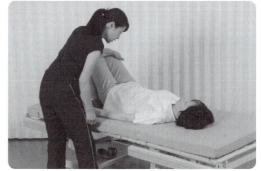

❷ 「お尻を上げていただけますか？」と声をかける。

膝を踵方向へ押すと被介助者のお尻を上げる動きが出る。

お尻が上がったら介助者の右手を被介助者の腰の下（仙骨周辺）に当てる。

写真 5-25

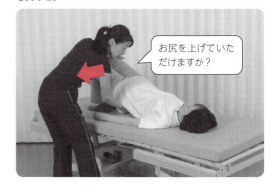

お尻を上げていただけますか？

❸ 「頭のほうへ上がりましょう」と声かけをする。

写真 5-26

被介助者の動きが出てから、仙骨を支えた手で上（または下、左右）方向への動きを誘導する。

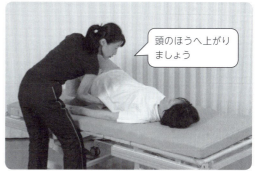

頭のほうへ上がりましょう

 お尻のすべりが悪いときは

被介助者の体格や衣服、シーツの素材などによっては、すべりが悪く体がずらせないことがあります。そんなときはシーツの上にスライディングシート（ない場合は大きめのビニール袋（ごみ袋など））を敷くと、少ない力で介助できるようになります。

写真 5-27　**少ない力で移動できる**

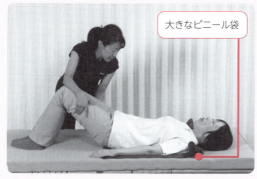

大きなビニール袋

シートは頭～背中に敷く。お尻を上げてから移動するので、お尻まではカバーしなくてもよい（写真は上方に移動し終わった状態）

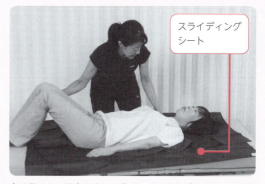

スライディングシート

全く動けない場合は広めに敷く。上下左右どの方向へも移動可能

第6章

起き上がり

1　"起き上がり"は、座位、立ち上がりのための重要な準備

　起き上がることによって獲得できる座位という姿勢は、とても大切な姿勢です。
　座ることによって得られるメリットは、会話がしやすい、ご飯が食べやすい、肺が動きやすい、痰が出しやすい、手が使いやすい、尿や便が出やすくなる、トイレに行ける、普通のお風呂に入れる、食卓でご飯を食べられる、外出できる、など挙げればきりがありません。
　もうひとつ重要なことは、座位は立ち上がりの前段階の姿勢だということです。座ることによって初めて足の裏で体重を受け、重力に逆らって体を伸ばす状態がつくられます。ちゃんと座れなければ、ちゃんと立つことはできません。

2　肘をついて起きると座位が保てる

　ベッド上に肘がつける広さを確保し、準備姿勢を整えれば、要介護高齢者のほとんどが肘をついて自分で体を起こせるようになります。
　不思議なことに、介助されながらでも自分の力を使いながら起き上がってきた被介助者は、自力で座位を保てます。肘をつきながら自分で起き上がっていくうちに、体の中で座る準備ができていくからでしょう。それに対し、自分の力を使わずに一方的な介助で起き上がった被介助者は、体が前後や左右に傾き座位を保つことができません。
　施設入所の高齢者の9割以上の方が、支えなくても端座位保持ができる可能性があります。また、適切な介助があれば、本人の力を使っての寝返りや起き上がりも可能です。現在寝たきりでおよそ動けそうにない人でもです。
　もし、みなさんのかかわっている利用者が自力で座位保持できず、みなさんが寝返りや起き上がりを全介助でしてしまっているのなら、本人の力を引き出せていない介助者主体の介助をしている可能性が大きいと思います。

3　一般的な起き上がりの例「左への起き上がり」

❶　仰臥位の姿勢。
❷　膝を曲げる（両膝あるいは片膝）。
❸　寝返り始める。
❹　左肘で支えながら上体を起こしてくる。
❺　ベッドから脚を下ろす（❹と❺は同時に進行することも多い）。

❻ 左手をついて（場合によっては右手もついて）肘を伸ばしながら体を起こしてくる。
❼ 起き上がり完了。

写真 6-1　一般的な起き上がりの例「左への起き上がり」

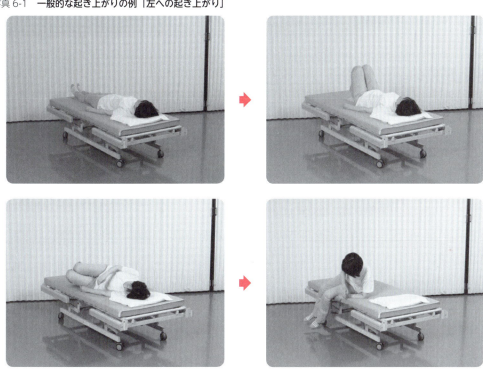

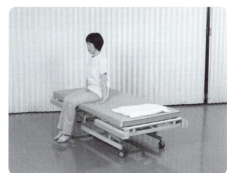

4 起き上がり介助

※左への起き上がりを説明します。

起き上がりの準備の姿勢

非マヒ側（健側）への起き上がりが原則。

上肢と下肢で健側と患側が異なる場合は、上肢の機能のよい側に起き上がる。

ベッドに対角線を引くように寝てもらい、被介助者の体の軸を通す。

自分で肘をついて起き上がってもらうので、上半身側には左腕を横に開いても肘がベッドの上に乗るだけの余幅が必要。足のほうはベッドの端に近くないと、起き上がったときにベッドの縁から下腿が下ろせない。

他の介助と同じく、軸がまっすぐになるように中心・左右を整える。

写真6-2

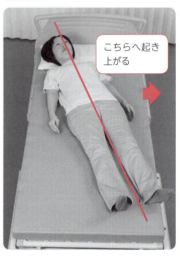

こちらへ起き上がる

❶ 「食事に行かれませんか？」「起き上がっていただけますか？」と目的を説明する声かけをする。

写真6-3

❷ ベッドに対角線に寝てもらい、被介助者の体の軸を通す。

　上半身は右、下半身は左。

写真 6-4

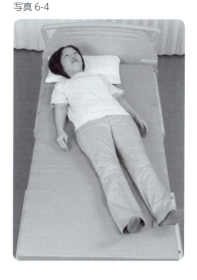

> **POINT**
>
> 動きが出てこない場合は、介助する。
>
> 「肩を右に移動していただけますか？」「一緒にやらせていただいていいですか？」「背中に手を入れます」と声かけをする。被介助者の背中に手を入れて、ベッドの奥（右側）への移動を介助する（写真 6-5）。
>
> 左右の足を少しずつ左へずらしてもらう（写真 6-6）。
>
> お尻上げ（126 〜 129 頁参照）をして、お尻を左（右）に移動する（写真 6-7）。
>
> 写真 6-5　　　　　写真 6-6　　　　　写真 6-7
>
>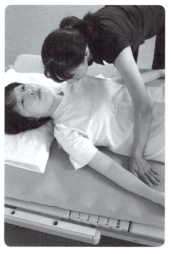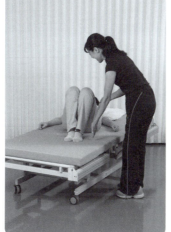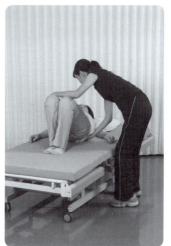

❸ 「こちらに寝返っていただけますか？」と声をかける。

　45°〜90°になるまで左腕を開いてもらう（肩関節外転）。

　両膝を立ててもらい、自分で寝返ってもらう。

写真 6-8

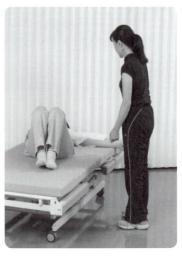

　寝返りの動きが出てこない場合は、膝を軽く手前に誘導して寝返りを助ける。

写真 6-9

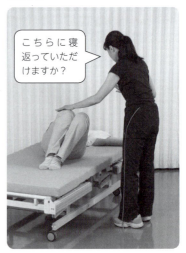

こちらに寝返っていただけますか？

❹　側臥位になる。

　左腕が 45°〜90°に開いているか（肩関節外転）を再度確認する。

写真 6-10

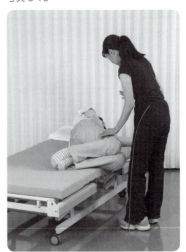

❺ 踵がベッドの縁ぎりぎりになるくらいまで膝を伸ばしてもらう。

写真 6-11

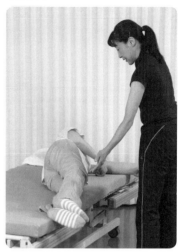

❻ 肘をつきながら、起きてもらう。
　動きが出てこなければ、被介助者の右手を左手で支えて介助する。

写真 6-12

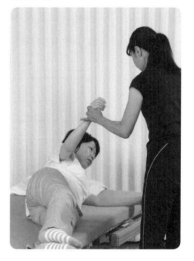

❼ 介助者は左手で、被介助者の体重が左肘に掛かってくる方向に、被介助者の右手を誘導する。
　上方に持ち上げたり足側に引っ張ると、方向が異なるので被介助者の動きが出てこない。
　被介助者の頭が起きて、被介助者の体重が左手にかかりはじめると、肘で起き上がる動きが出てくる。

写真 6-13

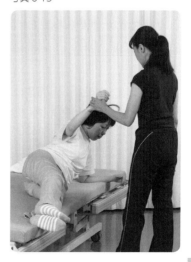

POINT

被介助者の手の支え方。普通の持ち方でもよい。どちらの持ち方でも引っ張らないよう注意する。

写真 6-14

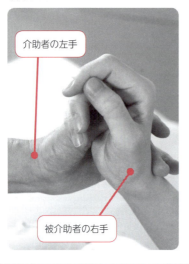

介助者の左手

被介助者の右手

写真 6-15

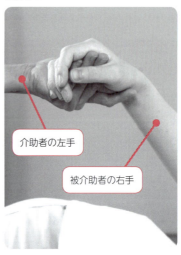

介助者の左手

被介助者の右手

手だけでの介助で体が起こしにくい場合は、
・肘を介助する（写真 6-16）。
・肘と肩を介助する（写真 6-17）。
・頭と肩を介助する（写真 6-18）。
・両肩を介助する（写真 6-19）。
など支える場所や量を調整する。

ただし、被介助者の肘に体重をかけ、自分で起きてきてもらうという介助の原則は同じ。

写真 6-16

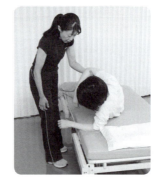

写真 6-17

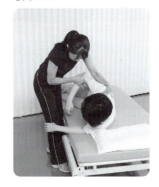

写真 6-18

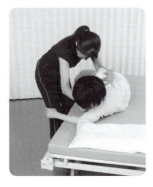

写真 6-19

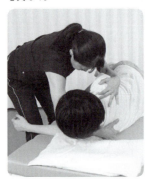

❽　上体が起きたら、下腿をベッドから下ろしてもらう。
　　下腿の重みで上半身が起きやすくなる。

> **POINT**
>
> 自分で下ろすことが難しい人は、膝を介助して下ろす。
>
> その場合は、被介助者の右手を持っていた手を左手から右手に持ち替え（写真6-20）、左手で膝をベッドの端まで持ってきて、下腿を下ろす（写真6-21）。
>
> 写真6-20　　　　　　　　　　写真6-21
>
>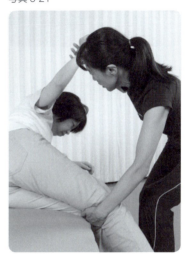

❾　被介助者の肘を少し後ろに引いて手のひらがベッドの上に乗るように、手をつき直してもらう。
　　できなければ介助する。
　　a　介助者は左手で被介助者の右手を少しだけ上に誘導する。
　　b　被介助者の左肘が浮いたら、左肘を後ろに引いてもらう。
　　c　被介助者の肘が後ろにいったところで、介助者は被介助者の右手を支えていた左手の力を抜く。
　　被介助者の左手のひらがベッドに乗るまで、a～cを繰り返す。

写真 6-22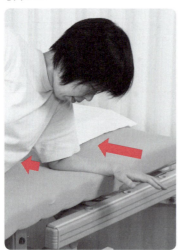

写真 6-23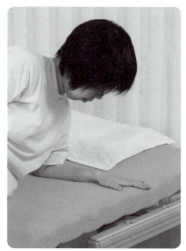

❿ 左手のひらをベッドにつき肘を伸ばして、体を起こしてもらう。

　介助者は左手で、被介助者の肘から手に体重が移動するように誘導する。

写真 6-24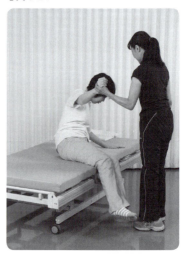

⓫ 起き上がってくる。

写真 6-25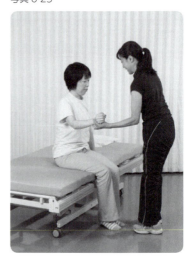

⓬　体が傾いていれば体をまっすぐに整え、安定した座位をとってもらう。

写真 6-26

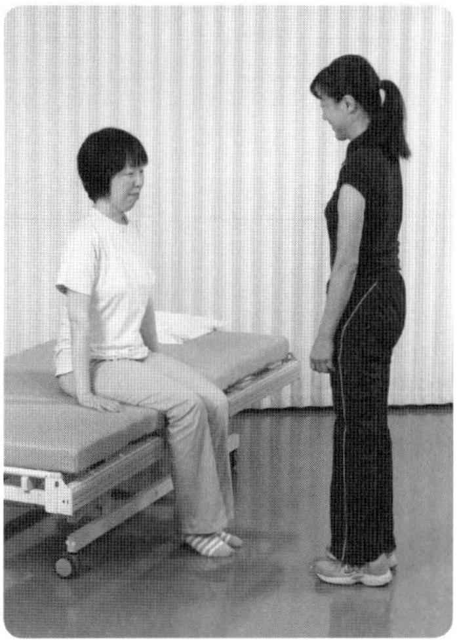

5　座位から仰臥位へ

一般的な例「座位から仰臥位へ」

❶　座位姿勢から手をつく。
　　肘をつく。
　　体を倒す。
　　脚を上げる。

❷　側臥位になる。寝返る。

❸　寝返って仰臥位になる。

写真 6-27　一般的な例「座位から仰臥位へ」

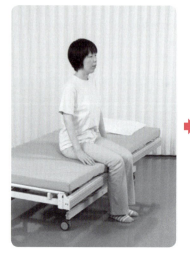
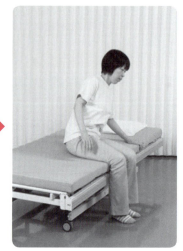
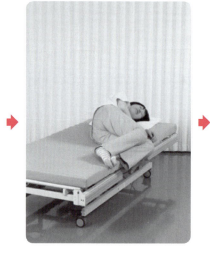
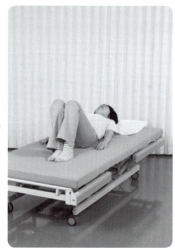

座位から仰臥位へ

ベッドに手をつき肘を曲げながら、起き上がりと逆の過程をたどってベッドに横になります。

❶ 「横になられますか？」と声をかける。

写真 6-28

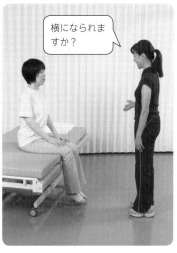

❷ 左手をベッドについてもらう（被介助者のつきやすいところ）。

介助者は被介助者が手をつく場所を最初から指示しないようにする。

写真 6-29

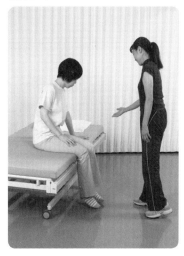

❸ 「肘をつくところまで横になっていただけますか？」と声をかける。

　介助が必要であれば、介助者は左手で被介助者の右手（患側の手、上になるほうの手、マヒ側の手）を支える。

　被介助者は肘を曲げながら、肘をつくところまで側臥位のままで横になる。

写真 6-30

肘をつくところまで横になっていただけますか？

❹ 「肘を少し前に出していただけますか？」と声をかける。

　側臥位になったとき、肘が体の下敷きにならないよう肘をつき直しておく。

　体を少し起こして、肘が浮いたところで、肘を少し前に出してもらう。

　できなければ介助する。

写真 6-31

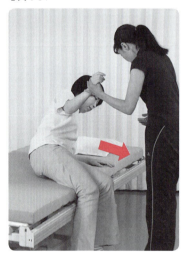 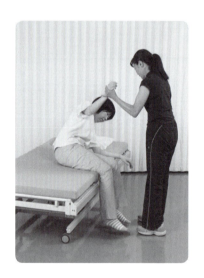

❺ 「そのまま横になってください」と声をかける。

　被介助者の左腕が身体の下敷きにならないように注意しながら、側臥位になってもらう。

　介助が必要な場合は介助者の左手で被介助者の体がドスンと落ちてしまわないように支え続ける。

写真6-32

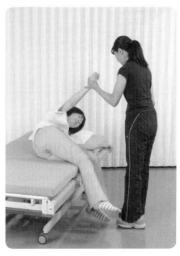

❻ 「ベッドに足を乗せていただけますか？」と声をかける。

　両方の足をベッドの上に乗せてもらう。

写真6-33

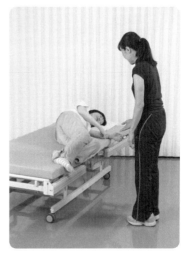

自分でベッドに乗せることが難しい場合は、介助者は上になっている足だけを支える。

もう片方の足は自分で乗せてもらう。

写真 6-34

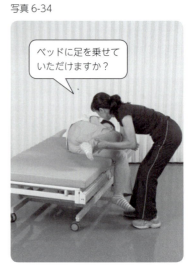

ベッドに足を乗せていただけますか？

❼ 「仰向けになっていただけますか？」と声をかける。

被介助者の動きが出てこないようなら、膝を誘導して仰臥位になってもらう。

写真 6-35

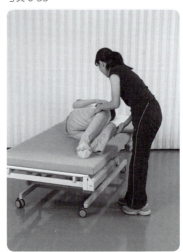

❽　仰臥位完了。体の軸を整える。

写真 6-36

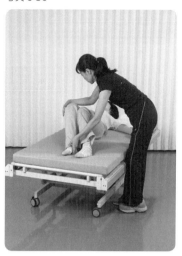

❾　「足を伸ばしていただけますか？」と声をかけ、自分で足を伸ばしてもらう。
　　被介助者の動きが出てこないようなら介助する。
　　片手は膝の裏に、もう片方の手は踵に添えて静かに足を伸ばしていく。

写真 6-37

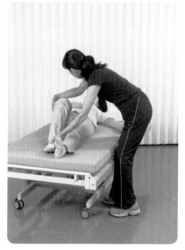

❿　身体の軸を整え、まっすぐかどうか確認する。

写真 6-38

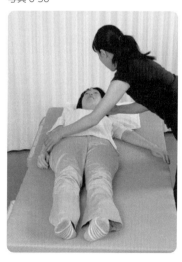

第6章　起き上がり

153

6　長座位への起き上がり

※布団や床に寝ている被介助者が左側に起き上がっていくパターンを例に説明していきます。

❶　「食事に行きましょう」「起き上がっていただけますか？」と目的を説明する声かけをする。
　　被介助者の動きが出ず介助が必要なら、「肘をついて起きていただけますか？」と声かけをする。
　　左腕を開いてもらう（45°前後）。

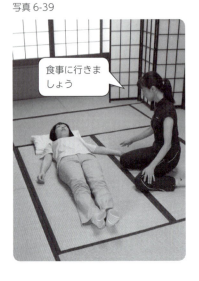

写真 6-39

❷　被介助者の右（起き上がる側と反対）の手首を持って介助する。

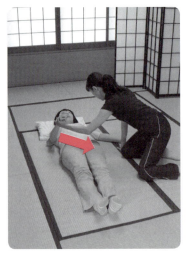

写真 6-40

❸ 被介助者の重心が左肘に乗って行くように誘導する。　写真6-41

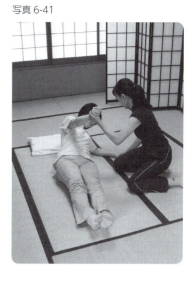

❹ 被介助者の体重が肘に移動したら、肘から手に移動するように誘導する。
誘導の方向は逆「くの字」を描く。

写真6-42　肘に移動したら

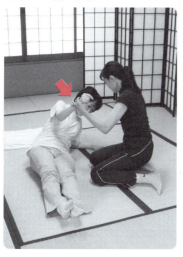

写真6-43　肘から手に移動するように

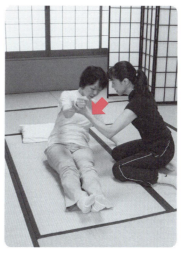

❺ 起き上がり完了。

写真6-44

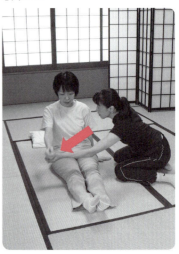

7 長座位から仰臥位に戻る

❶ 「寝ていただけますか？」と声をかける。
つきやすいところに手をついてもらう。

写真6-45

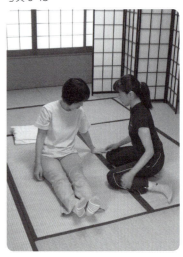

❷　被介助者の右手を介助者の左手で持ち、肘をつくところまで支え続ける。

写真6-46

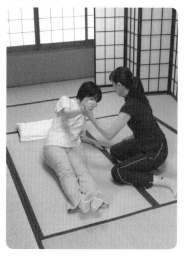

❸　肘から肩に体重が移動するように支え続ける。

写真6-47

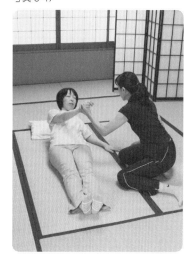

❹　仰臥位完了。

写真6-48

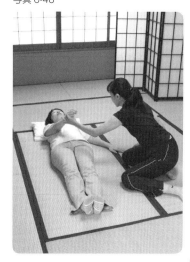

後ろからの介助

後ろからの介助も可能です。

起き上がる

❶ 仰臥位から左肘に体重が乗るように介助する（写真 6-49）。
❷ 肘から左手に体重が乗るように介助する（写真 6-50）。

写真 6-49
写真 6-50
写真 6-51

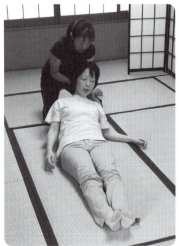
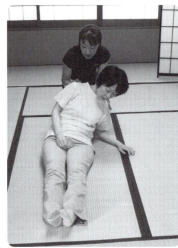

仰臥位になる

❶ 長座位から左手をついてもらい、左肘に体重が移るように介助する（写真 6-52）。
❷ 仰臥位になるまで支え続ける（写真 6-53）。

写真 6-52
写真 6-53

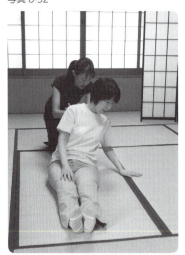
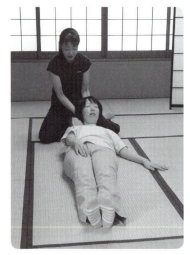

8　その他の起き上がり（ギャッジアップ利用）

「被介助者の緊張が高く、すぐに反り返ってしまって危険」「被介助者の緊張が低く、介助に非常に力が必要である」などの、リスクの高い被介助者に対して、介助者の力や技術がない場合（例：介助者が高齢）。

❶　ベッドの背もたれを起こす。

写真6-54

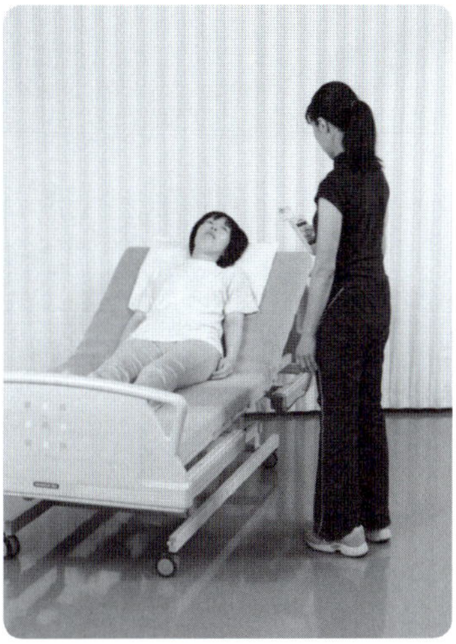

❷　ベッドの端に膝がくるよう介助する。
　　介助者に力がなかったり、被介助者のバランス能力が低下している場合は、両下肢を一度ではなく片方ずつ介助する。
　　体幹が不安定ならば肩を支える。

写真6-55

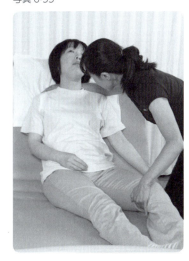

第6章　起き上がり

❸　両下腿をベッドの端から下ろす。

写真 6-56

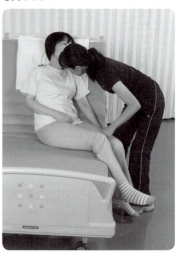

❹　ベッドの傾きが足らない場合は、もう少し起こしてくる。
　　上体をベッドから起こし、端座位になるように介助する。

写真 6-57

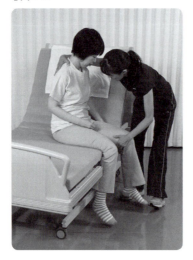

写真 6-58

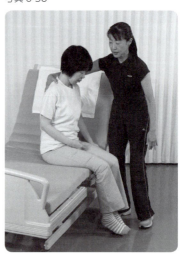

第7章

座位のとり方

1 "座る"とは

　ベッドのギャッジを上げて斜めに寝かされている状態や、身動きができずにいすや車いすでずれて座っている状態を座位と呼んでよいものでしょうか。「座る」とは、座面の上で重力に抗して上体を起こしている状態です。

　その結果、臥位では不可能だった多くのことができるようになります（第6章138頁参照）。これらのうちのいくつかのメリットを享受できていないのならば、座っているのではなく、腰を折って寝かされているだけなのかもしれません。

2 基本の座位姿勢

　次の姿勢を"基本の座位姿勢"と呼ぶことにします。この姿勢をずっとしておかなくてはいけないわけではありません。食事や手を使って作業をするときはもっと前かがみの姿勢ですし、立ち上がりの準備の姿勢とも少し違います。

　"基本の座位姿勢"は、そこにときどき戻ってくる、そこから動きはじめる「ニュートラルな姿勢」だと認識しておいてください。

基本の座位姿勢

縦・横の軸が整っている、前から見て左右差がない。
顎が引けている、腰から背中が伸びている、足底が地面について体重がかかっている。

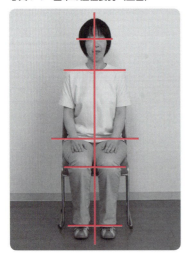
写真7-1　基本の座位姿勢（正面）

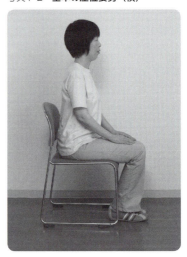
写真7-2　基本の座位姿勢（横）

基本の座位を保つ

いすに座って両手をお尻の下に敷いてみましょう。手指に骨が当たる部分があります。これが座骨、座骨の中でも座骨結節という部位です。基本の座位とは、この座骨結節の上に体重が乗り、骨盤が起きて、その上に脊柱が乗っている状態だといえます。

骨盤が起きて両足底に体重がかかっている状態が保てれば座位は安定しますが、低いいすに座る、柔らかいいすに深く腰をかける、力を抜く、背もたれにもたれる、などで重心はすぐに後方に移動してしまいます。後方に重心がかかってくると骨盤が倒れて（後傾して）背中は丸くなります。

十分な筋力や関節可動域があれば、姿勢の立て直しは難しいことではありませんが、高齢や障害があると、後ろに崩れた座位をなかなか元に戻すことはできません。

座位の崩れを防ぐには

私たちの骨盤が倒れてしまう（後傾する）原因はいくつかあります。
①座位での重心線が、脊柱の前方、かつ、座骨結節の後方を通る、
②脊柱起立筋・腸腰筋が疲れる、
③膝の後ろにある下腿と座骨結節を結ぶ筋（ハムストリングス：大腿二頭筋、半腱様筋、半膜様筋）が短縮しやすい、
などです。

ハムストリングスが短縮したり脊柱起立筋・腸腰筋の機能が低下した高齢者の骨盤は、常に後傾し、重心が後方にあります。安定した座位の条件の１つは両足底に体重が掛かっていることですが、重心が後方にあると、足底に体重をかけることが難しくなります。

高齢者の座位の安定のために簡単ですぐに対応ができて、その割には放置されていることが多いのが座面の高さの調整です。

施設や在宅でのベッドの高さはほとんどが低すぎます。

高齢者の場合、膝関節の角度が直角では座面は低すぎます（モジュラー型の車いすなどでシーティングしている場合は除きます）。これは「正しい座位姿勢は股関節、膝関節、足関節が直角」と説明してきた教育にも責任があるのかもしれません。

お年寄りの重心が後方にかかって背中が丸くなったり後方へ倒れそうになっていたら、いすやベッドの高さが低くないかチェックしてください。いすやベッドなどの座面を高くすることで、体幹が後ろに倒れにくくなります。足底さえ着いて体重が乗っていれば、座面は少し高めに設定しても構いません。

特にベッドでの端座位では、ベッドの高さを上げ、浅めに座りなおし、足を引き、介助バーなど持ってもらい前方に体重がかかるようにしてください。これだけで、後方に倒れていたお

年寄りの座位が安定することがよくあります。いすやベッドで高さ調節の機能がない場合は、硬めのマットやクッションを何枚か重ねることで(不安定にならないように注意してください)座面の高さを調節することができます。

写真7-3

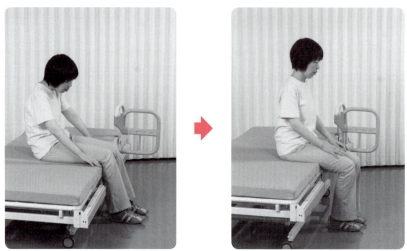

座面の高さを高くすることで座位が崩れにくくなりました

足底を地面につける

　安定した座位のためには、足底が地面にしっかりついている必要があります。足の裏で体重を受け、背筋を重力に抗して伸ばす状態をつくるためです。

　足底に体重がかかるように、足の位置を考え上体も前傾してもらっているのに、足が遊んでつま先しか床についていない場合は、座面が高すぎるのかもしれません。座面の高さが変えられない場合は、足台を使って高さを調節しましょう。

3　足台をもっと使いこなそう

　よく施設で見かける足台は、牛乳パックを数個合わせた足台やお菓子の空箱です。その大きさの足台では小さすぎて役に立ちません。

　足台は対象者1人ひとりに合わせ、両足底がきちんとつく高さで、もっと広いものを作ってください。

図 7-1 足台の大きさ

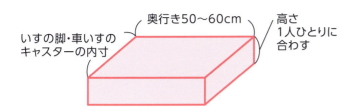

足台の高さ：1人ひとりに合わす
足台の幅：いすの脚・車いすのキャスターの内寸
足台の奥行き：50〜60cm

　足台の高さ（座面の高さ）は、座面の前面と座っている人の大腿との間に指を入れて抵抗があるけれど指が通る、あるいは座っている人の大腿の側面で大腿と座面の間に指を通したら股関節から膝までずっと同じ圧を感じる、この2つのどちらかを指標にして足台の高さ（座面の高さ）を決めます。

　奥行きに関しても、私たちはいすに座っているとき無意識に足を後ろに引いたり前に出したりしています。足台にも足を前に出したり、後ろに引いたりする奥行きが必要です。

　「足台を置いても変わらない」「足台をお年寄りが蹴る」「足台から足が落ちる」「余計に窮屈そう」「（利用者さんから）いらない、と言われた」…これは適切な足台を使っていないために起こります。

　被介助者にとって足台は地面です。蹴って動く地面はありません。小さな足台では、地面の役割をなしているとはいえません。

写真 7-4

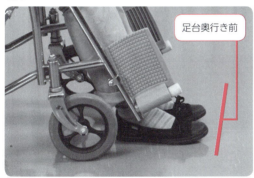

いすに座っているとき、足は前後にこのように動いています。可動域を考慮した足台が必要です

第 7 章　座位のとり方

足台のいろいろ

写真7-5のように、その人に合わせた足台を段ボールや木で作ります。

写真7-5　理想の足台

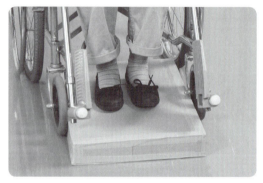

十分な広さのある外箱を段ボールで作り、箱の中に段ボールを縦にしたものを詰めてあります

また、段ボール（写真7-6）、パネル（写真7-7）、マット（写真7-8）を何枚も用意し、重ねて対象者に合わせた高さにして足台にすることも可能です。微妙な高さの調整が可能なのと、1枚1枚が軽いのでセッティングしやすい利点があります。

両方を組み合わせても構いません。

滑り止めを利用するときは、それぞれの板の間や床との間に置きます。対象者の足のすぐ下には滑り止めは敷きません。

写真7-6　段ボール　　写真7-7　パネル　　写真7-8　マット

  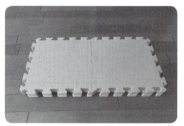

大きな段ボール箱（オムツが入っていたような）を潰し、40cm×60cmに切って周りをガムテープでとめます　　ホームセンターなどで売っています。大きなパネルを裁断すれば経済的です　　フロアマットやお風呂用マットなど、厚みや固さもいろいろあります

4　スタンダードの車いすは運搬用

よく見かける折りたたみの車いす、"スタンダードの車いす"は、1945年に誕生しました。コンパクトにたためるという利便性、フットサポート、アームサポート、ブレーキ、当時は画期的な機器でした。でもそれは乗る人ではなく介助者にとって便利な製品だったのです。

スタンダードの車いすというのは、あくまで運搬のための道具。そこに自分で動けない人を一定時間以上乗せたままにしたり、そのまま食事をとってもらうことは乗っている人に大きな苦痛を与えます。

　円背、骨盤の後傾、側弯などの体幹の変形や四肢の拘縮変形のある人、車いすに長時間座ることが多い人には、スタンダードの車いすは対応しきれません。

5　その人に合った車いすを

　長時間座る、自分で移動する、体の緊張をとってリラックスする、それらのためには、1人ひとりの体に合わせられるように調節ができるモジュラー型の車いすや車いす用のクッション（マット）が必要です。

　今から30年以上前、私が理学療法士になったばかりの頃は、高齢者用の車いすの選択肢は非常に乏しく、スタンダードの車いすしかありませんでした。最近では日本でもさまざまな車いすが出ています。座面の大きさ・高さ・角度、背の角度・高さ、アームサポートの高さ・形状、バックシート（張り）などの調整機能のついた車いすが用意されています。

　モジュラー型の車いすは購入すれば10〜20万円しますが、介護保険のレンタル対応であれば、スタンダード車いすと大きな費用の差はありません。

　日本の高齢者介護・医療では、まだまだ車いすをうまく使いこなせていません。1人ひとりに合った車いすを選ぶことでその人が質の高い生活ができるということを、対象者本人や家族、介護職、医療職、ケアマネジャー、福祉用具の関係者などがもっと認識すべきです。もっともっと車いすや福祉用具への知識をもって、賢い消費者、援助者になりましょう。

　また、「『その人に合った車いすを選びましょう』と言われても、うちの施設にはスタンダードの車いすしかないわ…」という環境のほうが多いかもしれません。

　でも、そんな環境であってもできることはあります。

　何が原因なのかを考えてみましょう。

　"体が傾くのでクッションを入れる"、"お尻が痛いから座布団やクッションを敷く"、"脚がクロスするので間にクッションを挟む"、それらの対応ではうまくいかないことが多いはずです。

　シーティングやポスチュアリング（ポジショニング）の考え方を学んでケアにとり入れましょう。スタンダードの車いすでのシーティングは、モジュラー型でのシーティングよりも難しくなりますが、いろいろ試してみましょう。

写真7-9

パーツごとに調節できる「モジュラー型の車いす」

少なくとも食事やレクリエーションなど20分以上車いすで座るときは、フットサポートから足を下ろし、足台などを使って足底を地面にしっかりつけて座ってもらってください（164〜166頁参照）。

　いすや車いすに座っているお年寄りの姿勢が崩れたら、直してあげてください。

　お年寄りの姿勢が崩れるのには理由があります。いすが合っていない、痛みがある、苦しいなど、お年寄りが自分でずれてしまう場合も自然にずれていってしまう場合も、お年寄りの責任ではなく、お年寄りの体に合った車いすやいすを提供できていない介助する側の問題ととらえてください。

　そしてもし、あなたの職場で新しい車いすを導入するチャンスがあれば、「スタンダード車いすではなく、モジュラー型の車いすを！」とその重要性を説明し、職場のみんなや上司に働きかけてみてください。

　また下の写真の車いすはモジュラー型ではなく、スタンダードの車いすです。

　スタンダードの車いすでも最小限この程度の機能がついた車いすを選ぶようにしましょう。

写真7-10

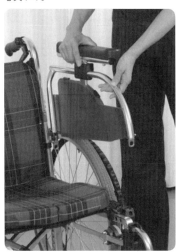

アームサポートの跳ね上げ、脱着機能

写真7-11

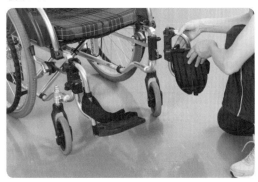

フットサポートのスイング、脱着機能

写真7-12

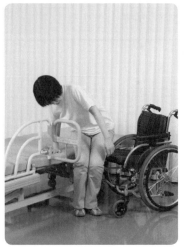

アームサポート・フットサポートが取り外せると、車いすからの移乗が楽になります

第8章

移 乗

1　自立した移乗

※左マヒの人を例に説明していきます（マヒだけでなく左が患側の場合も同様です）。

ベッド→車いすの移乗

❶　立ち上がりの準備の姿勢になる。
　　車いすの自分から遠いほうのアームサポートを持つ（近いほうを持った場合は途中でアームサポートを遠いほうに持ち替える）。

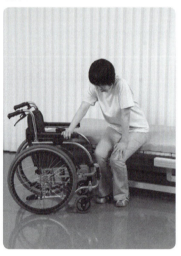

写真8-1

❷　立ち上がる。

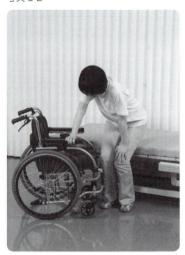

写真8-2

❸ 右足を軸にして、体を回転させる（あるいは少しずつ足を踏み替える）。

写真 8-3

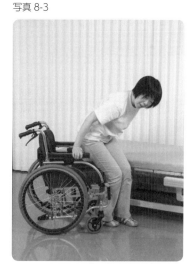

❹ 座る。

写真 8-4

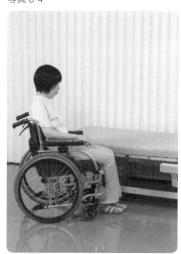

車いす→ベッドの移乗

※左マヒの人を例に説明していきます。

❶ 立ち上がりの準備の姿勢になる。
　ベッドに手のひらをつく。

写真 8-5

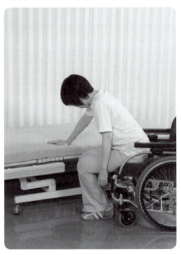

❷ 車いすからお尻を上げる。

写真 8-6

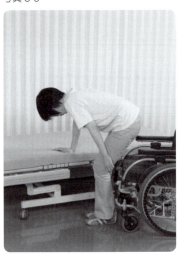

❸ ベッドについた手・右足を軸にして体を回転させる（あるいは少しずつ足を踏み替える）。

写真 8-7

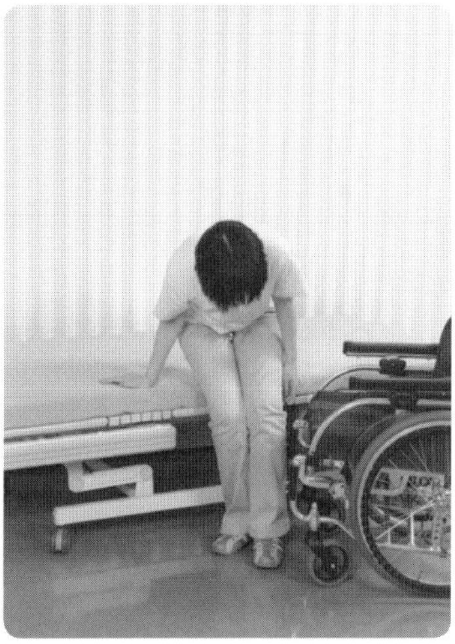

❹ 座る。

介助バーを使っての移乗

※左マヒの人を例に説明していきます。

❶ 立ち上がりの準備の姿勢になる。
　介助バーを右手で持つ。

写真 8-8

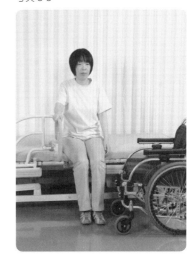

❷　介助バーを持って立ち上がる。

写真 8-9

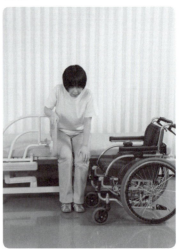

❸　右足を軸にして体を回転させる（あるいは少しずつ足を踏み替える）。

写真 8-10

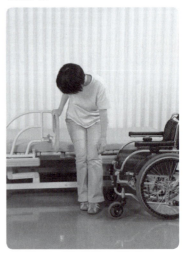

❹　座る。

写真 8-11

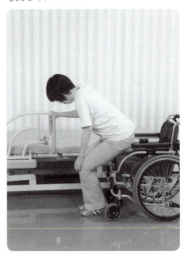

2 脇を介助しての移乗

脇を介助しての移乗

※左マヒ（左患側）の人を例に説明していきます。

❶ 車いすはベッドと平行に置く。「食事に行きませんか？」と目的を説明する声かけをする。
　必要であれば、順次、
　「車いすに移りましょう」
　「立っていただいていいですか？」
　「手すりをもっていただいていいですか？」
などの声かけをしていく。

写真 8-12

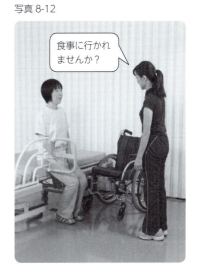

❷ 立ち上がりの準備の姿勢になってもらう。
　介助者は自分の立ち位置、姿勢、支えの手を確認する。被介助者に立ち上がってもらう（「脇を支えての立ち上がり」88～91頁参照）。

写真 8-13

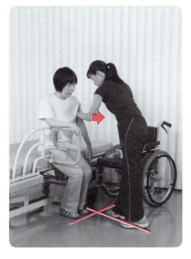 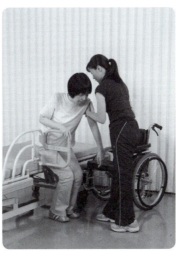 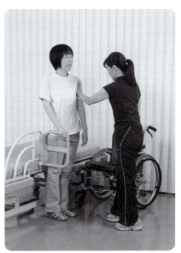

第8章 移乗

❸　被介助者の重心がまっすぐ両足底の真ん中に落ちるように立位を安定させる。

　　介助者は被介助者を支えている左手は動かさずに、自分の前足を後ろに引いて両足を平行にし、被介助者の左足と介助者の左足が対面する程度まで少し右へ寄る。

❹　介助者：左足に体重をかける。
　　被介助者：右足に体重がかかる。
　　介助者：右足を引く。
　　被介助者：左足が前に出る（「歩行の介助」191～192頁参照）。

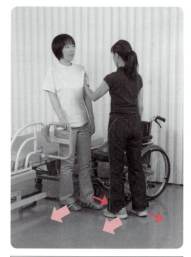

写真 8-14

足の動き ➡　重心の移動 ➡

被介助者
右に重心移動
→左足が出る

介助者
左に重心移動
→右足を引く

❺　介助者：右足に体重をかける。
　　被介助者：左足に体重がかかる。
　　介助者：左足を前に出す。
　　被介助者：右足を引く。

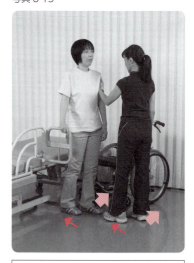

写真 8-15

足の動き ➡　重心の移動 ➡

被介助者
左に重心移動
→右足が出る

介助者
右に重心移動
→左足が出る

❻ ❹〜❺の動作を繰り返して車いすの前まで移動する。

　目安は、被介助者がふくらはぎで車いすの座面を感じる（軽くふれる）くらいまで。

写真8-16

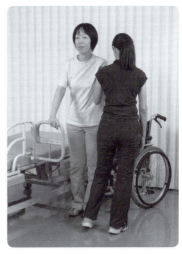

❼ 「座っていただけますか？」と声をかける。

　脇を支えている手を少し手前に引くと、被介助者の上体が前傾し座る動きが出てくる。

　介助者は手に相手の重みがかかってくるのを感じながら、被介助者の脇を支え続けて、座る動きについていく（「脇を介助して座る」92〜93頁参照）。

　車いすに座る。

写真8-17

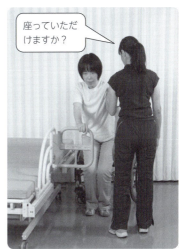

座っていただけますか？

3　ベッドから車いすへの移乗（体幹を支えて）

　被介助者が少しでも下肢で支える能力があれば、小さく体重移動をしながら方向転換してもらうことができます。被介助者を支え、左右に体重移動して、その動きを被介助者に伝えることで方向転換していきます。

※介助の形は全介助ですが、支える面積が広くなっただけで被介助者の動きのすべてを介助しているわけではありません。

❶ 「食事にしませんか？」と目的を説明する声かけをする。

　順次、「車いすに移っていただいていいですか？」などの声かけをする。

写真 8-18

食事にしませんか？

　全介助の場合、車いすを置く位置は患側でも健側でもどちらでも構いません。被介助者と介助者の得意、不得意な方向によって選びます（ただし、多くの人が介助する場合は統一したほうがよい）。

❷ 立ち上がりの準備の姿勢になってもらう。

　両膝を被介助者の片方の膝に当て、重心を後ろへ移動して立ち上がります（「体幹を支えた立ち上がり」74〜79頁参照）。

写真 8-19

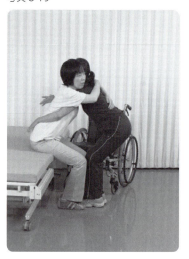

❸ 被介助者の重心線が両足底の間に落ちる位置で立位を安定させる。

被介助者と介助者がそれぞれまっすぐに立つと、お互いの体と体の間に隙間ができる。

介助者は両手の手首～前腕を使い被介助者を支える。

被介助者がほんの少しでも自分の体を支えることができて、足底が床についていれば、被介助者を支えることが可能。

膝折れや筋力や可動域の低下で膝が伸びてこない場合は、介助者は自分の膝を被介助者の膝に当てたままで、立位、移乗をする。

写真 8-20

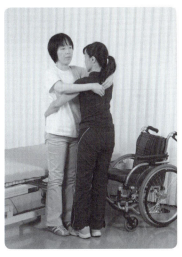

写真 8-21

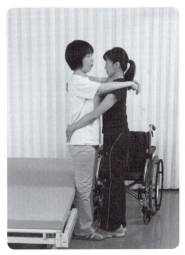

介助者と被介助者の体はぴったりつけず隙間をあける

写真 8-22

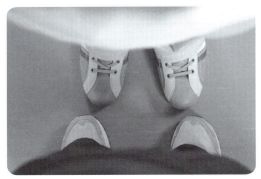

上から見たとき、被介助者の足が見えれば正解。足の位置を確認しながら移乗等の介助が可能になる

❹　被介助者を支えた状態で、介助者は左足に体重をかける。

　被介助者の右足に体重がかかる（「歩行の介助」（191～192頁参照）。あるいは「脇を介助しての移乗」（176～177頁参照））。

写真 8-23

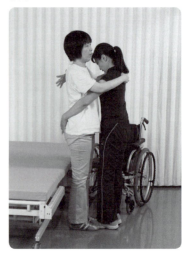

❺　介助者は右足を引く。
　被介助者の左足が前に出る。

写真 8-24

❻　介助者：右足に体重をかける。
　被介助者：左足に体重がかかる。
　介助者：左足を前に出す。
　被介助者：右足を引く。

写真 8-25

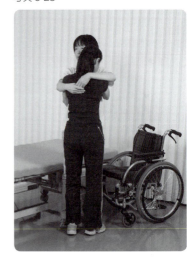

❼ 介助者：左足に体重をかける。
　　被介助者：右足に体重がかかる。
　　介助者：右足を引く。
　　被介助者：左足が前に出る。

写真 8-26

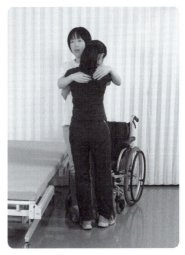

❽ ❹〜❼の動作をくり返して、車いすの前まで誘導していく。

写真 8-27

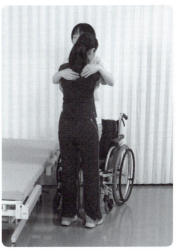

ただ単に体を左右に振って足を踏み替えるだけでは、うまく動いてもらえない。体重移動が重要。

写真 8-28

写真 8-29

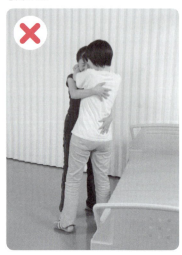

❾ 車いすの前まできたら、被介助者のふくらはぎが車いすに軽く触れるところまで後ろに下がってもらう。

「座っていただけますか？」と声をかけ、車いすに腰を下ろしてもらう（「体幹を支えた座り」79〜81頁参照）。

写真 8-30

座っていただけますか？

4　後方からの介助による移乗

　立ち上がれなくても前かがみになれる（筋力はなくても可動域があれば可能）人なら、簡単な介助で移乗ができます。

　人間が立ったときの重心は、おへその高さ（仙骨の高さ）にあります。ベルトは重心にも近くしっかり持てるため、ここを介助して移乗していきます。

　「ズボンが股に食いこむのでベルトを持って介助しないように」と指導される場合もありますが、被介助者の動きに合わせる介助ならベルトを持って体を持ち上げるわけではないので、ベルトを持ってもズボンが食いこむ格好にはなりません。

　ベルトを持って介助し、お尻をずらす動きを練習していると、次第に前後・左右、あるいはベッドから車いすの移乗が自分でできるようになります。

後方から介助して移乗

※左に車いすを置いた場合を説明していきます。

❶　「食事に行きませんか？」と目的を説明する声かけをする。

　「車いすまで移っていただいていいですか？」と声かけをする。

写真 8-31

食事に行きませんか？車いすまで移っていただいていいですか？

❷　立ち上がりの準備の姿勢になってもらう。

　可能なら被介助者にベッド上に両手をついてもらう。左手は移動する幅をあけてついてもらう。

　介助者はズボンのベルト部分を後ろから持つ。

　被介助者の前傾姿勢を引き出すように、ベルトを持った手で前方向に誘導する（写真 8-32 ①）。

足底に体重がかかり、お尻が少し浮いたタイミングで左へ移動してもらう（写真8-32②）。

写真8-32

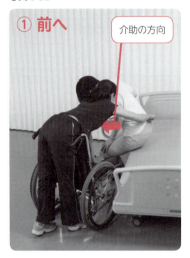
① 前へ　介助の方向

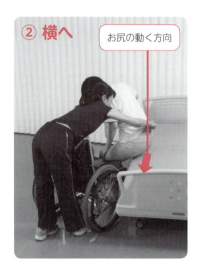
② 横へ　お尻の動く方向

❸　❷の動きを繰り返しながら、車いすの横まで移動していく。

写真8-33

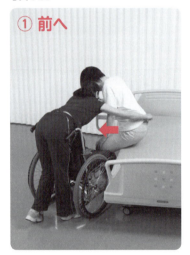
① 前へ

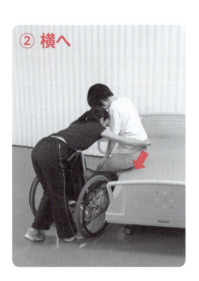
② 横へ

❹ 車いすの横では被介助者の体の向きを変えて、車いすと平行になるようにする。

写真 8-34

❺ ベッドから車いすに移るときは、ベッドと車いすの間にお尻が落ちないように、一度で乗り移る。

写真 8-35

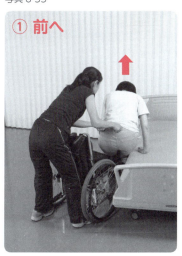

スライディングボードを利用する場合も、同様に介助すると、より安定したスムーズな移乗が可能となる。

車いすからベッドへの移乗

お尻をずらしながら移乗する方法を使って、車いすからベッドへの移乗も同様に介助する。

写真 8-36

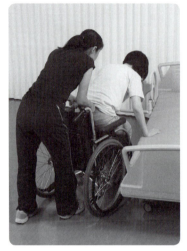
前に誘導してから

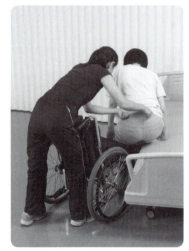
ベッドに移る

介助者の体が小さく、被介助者の背中まで腕が届かなかったり、腕の筋力に自信がないといった場合は、介助者は写真8-37のようにベッドの上に上がって後方から介助する。

写真 8-37

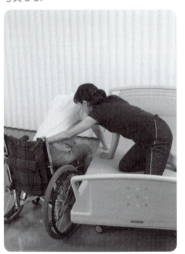

応用　―2人で移乗介助する―

なんとか足底を床について立ってもらえても、体重移動しながら向きを変えることが困難な被介助者の場合は、2人で介助します。

2人介助のコツは2人の役割をきっちり分けることです。

❶ 前からの介助者Aの役割は、立ち上がってもらう介助。
　横もしくは後ろからの介助者Bは次の介助に備えて、被介助者のベルトを片手もしくは両手で持っているだけで、立ち上がりの介助には関与しない。

写真8-38

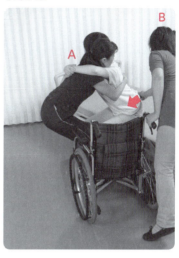

❷ 被介助者が立ち上がったら、介助者Aは被介助者を支え続ける（回転の介助には関与しない）。
　介助者Bは、被介助者の向きをベッドから車いすへ変える。

写真8-39

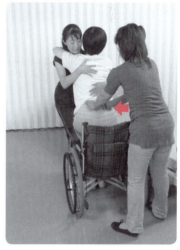

❸ 被介助者のお尻が車いすのほうに向いたら、介助者Aは被介助者に座ってもらう。
　介助者Bは、危険に備えて被介助者のベルトを片手もしくは両手で持っている（座ってもらう介助には関与しない）。

第9章

歩行の介助

1 歩行介助の基本

　歩行や移乗など動きを出したい場面では、現在の重心の位置から重心が移動していくことが必要です。

　歩行中、右足が地面から持ち上がったときには、私たちの体重は左足にかかっています。左足を出そうとするときには右足にかかります。体重がかかったままではその足は前に出せません。

　マヒ側への重心移動が難しく非マヒ側にかかったまま―これが片マヒの人の歩行でよく見かける、動くはずの非マヒ側の足が前に出ない理由です。

　パーキンソン症候群の人はいつも両足の前方に体重がかかった状態です。ですから最初の1歩が出せません（すくみ足）。いったん出すと小刻みに足が出て止まれなくなります（突進歩行）。方向転換も難しくなります。介助者が軽く左右への体重の移動を誘導してあげれば動きがでやすくなります。軽度な人では両手介助ではなく片手だけで誘導したほうが動きを引き出しやすい場合もあります。

　認知症の人や高齢者のすり足も同様な原因です。

　歩行の介助では、介助者は相手を支えている肘や手の高さを変えないように介助することで、被介助者の安定した歩行を引き出します。

　また歩幅も大切な要素です。介助者は相手の歩幅に合わせて自分が後ろに引く足の幅を決めます。被介助者の歩幅と比べ介助者の歩幅が大きすぎると、被介助者と介助者の間隔が開きすぎて被介助者がついてこれなくなります。

　動きの伝え方（48頁参照）で説明したように、被介助者に体重移動してもらうときには、介助者は手だけで相手を動かさず、自分が体重移動して、その動きを相手に伝えます。

　被介助者の足を1歩前に出すには、反対側に重心が移動し、しっかりした支えができていること。これが歩行の介助で忘れてはいけない基本です。

2 歩行の介助（前方から両肘での介助）

　歩行介助の基本となる前方からの介助を練習してみましょう。ここでは被介助者の肘を支えていますが、手や肩などを持ってもらう場合でも同様です。

　"支える手"につかまってもらい、被介助者の歩幅に合わせて歩いていきます。最初に踏み出す足は、右でも左でも出しやすいほうからでかまいませんが、ここでは右足から踏み出す場合を例に説明していきます。

❶ "支える手"をつくる

　介助者は"支える手"をつくる。その手の上に被介助者の肘を乗せてもらう。可能なら被介助者に介助者の前腕か肘を持ってもらう。

写真 9-1　　　　　　　　　写真 9-2　　　　　　写真 9-3

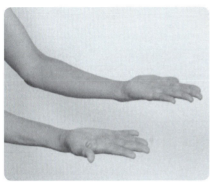  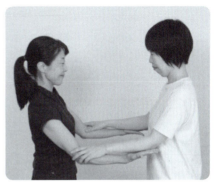

❷　両肘での支えが確認できたなら、介助者は右に重心移動する。→被介助者は左に重心移動する。

　被介助者の立ち直り反応が出るように、介助者は自分の重心移動をきちんと行う。

写真 9-4

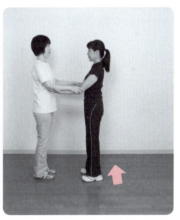

足の動き　→　重心の移動　⇒

❸　介助者は重心を右にかけたままの状態で左足を引く。→被介助者の右足が前に出る。

写真 9-5

足の動き　→　重心の移動　⇒

第 9 章　歩行の介助

❹ 介助者は左に重心移動する→被介助者は右に重心移動する。

　前（介助者は後方）への動きなので、介助者は後方の足に、被介助者は前方の足に重心が移動する。

写真 9-6

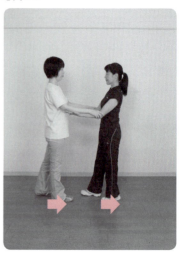

❺ 介助者は重心を左にかけたままの状態で右足を引く。→被介助者の左足が前に出る。

写真 9-7

❻ ❷〜❺をくり返す。

写真 9-8

向かい合った介助者と被介助者がシンクロしながら動いていきます。

支えと体重移動がしっかりできれば、被介助者を傾けたり無理に引っ張ったりしないで介助ができます。

被介助者の足が出なかったり、前のめりになっていくのは、支えができておらず気づかないうちに相手を引っ張ってしまっているからです。「脇を締めて介助する」歩行介助は被介助者の力を引き出せず、怖い思いをさせています。

介助の基本で練習した、肘を握りこぶし 2 個分前に出す構えの姿勢（41 頁参照）を忘れないでください。介助者は介助中、この姿勢を保ち続けます。

3 一本杖（T-cane）の介助

片マヒや高齢者の多くがこの杖を使用します。

杖歩行の基本原則

杖歩行の次の 3 つの原則はとても重要です。基本原則が守れていなければ介助が適切でも上手に歩いてもらうことはできません。

できていない場合は、なるべく基本に則すように対象者の能力を見ながら直していきます。一度にたくさんを変えるのは難しいと思いますが、少しずつでも変えていくことができれば歩行は安定し、介助も楽になります。

❶　杖をつく側→健側（非マヒ側）

写真9-9

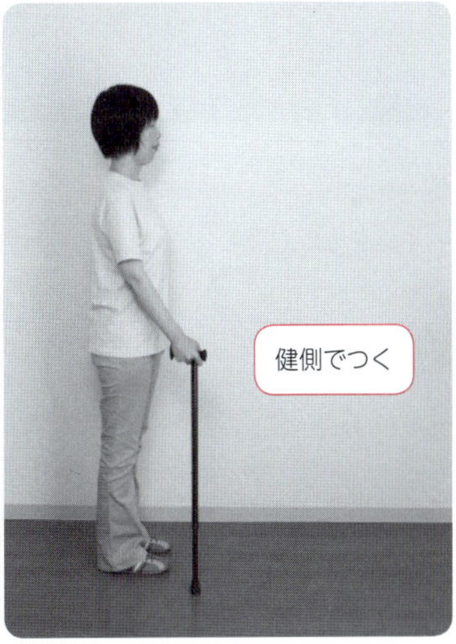

健側でつく

❷　杖の高さ−大転子（上肢をまっすぐ下ろしたときの手首の位置が目安）

写真 9-10

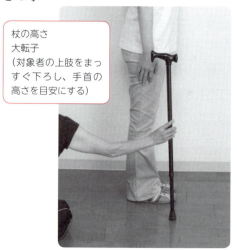

杖の高さ
大転子
（対象者の上肢をまっすぐ下ろし、手首の高さを目安にする）

❸　順序　①杖、②患側（マヒ側）の足、③健側（非マヒ側）の足

写真 9-11

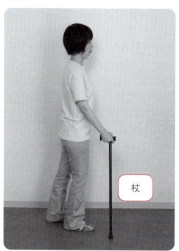

杖

写真 9-12

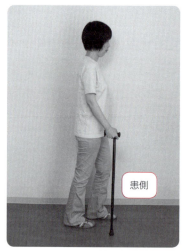

患側

写真 9-13

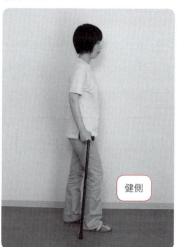

健側

介助は基本的にはマヒ側・患側から行います。マヒ側・患側を支持することで歩行が安定します。ただし決して持ち上げたりして痛みなどを出さないようにしてください。

写真9-14　　　　　　　　写真9-15　　　　　　　　写真9-16

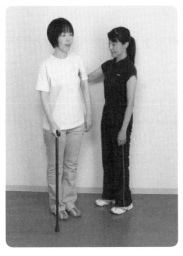  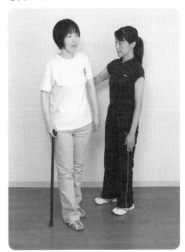

　介助者は前方・側方から介助します。腋窩（えきか）を支える介助者の手は、右手／左手／前方から／後方からをケースによって使い分けます。

　介助者は被介助者のマヒ側、患側が下がらないようにしっかり支えます。支持している側の肩、骨盤が下がらないようにします。
　支えがきちんとできていないと、痛みが出たり、歩くことができません。支え方は「「支え」の練習　②片手での支え」（43〜45頁）を参照してください。

　さらに介助が必要な場合は、マヒ側・患側の腋窩と後方のベルトの両方を支持して動きを伝えます。腋窩を支える介助者の手は被介助者の脇の前方から差し入れます。
　特に、脳卒中後の片マヒの人の場合は、マヒ側への体重移動が難しく、歩行の大きな障害になっています。片マヒの人の非マヒ側の足がなかなか出しにくいのは、マヒ側で体重が支えられないからです。片マヒの人にとってマヒ側で体重を支えることはとても恐怖です。マヒ側での体重支持を上手に介助して、スムーズに足が出せるようにしてください。

第9章　歩行の介助

4 歩行車・歩行器・シルバーカーでの歩行の介助

歩行が安定している場合

　介助者は対象者の患側の腋窩を支えるか、後ろからズボンのウエストかベルトを持ちます。しっかり持ちますが、決してズボンやベルトを持ち上げてはいけません。持ち上げずに対象者の動きに合わせてついていきます。

　支えることと持ち上げることは全く異なります。支えられたときには安心感はありますが持たれ感はありません。反対に持ち上げられていても支えられていなければ安心感はなく、介助者の手は邪魔で違和感を感じる存在です。

　通常は対象者の動きに合わせ、対象者の姿勢が不安定になったときだけ、対象者の安定した位置で固定します。

　また、独歩で歩ける対象者の見守りで、介助者が対象者の背中に手を添えたり、背中を押している光景をよく見かけますが、不必要な介助です。

膝折れなど、歩行が不安定な場合

　介助者は被介助者の患側の腋窩を支えます。場合によっては、腋窩と腰の両方を支えます。腰の支えはベルトを支持しても構いません。ただし、絶対に持ち上げないように介助します。どちらの手も被介助者の動きを邪魔しないように注意します。

重心の移動が不十分な場合

　介助者は被介助者の後方に立ち、両上肢で被介助者の骨盤を支えます。被介助者の左右への重心の移動を補助し、下肢を振り出しやすいように介助します。

非常に大きな力で介助しなければならない被介助者の場合

　ウォーカーや歩行器などを持ってもらい後方から介助します。後方からの介助では利用者の腰で体重移動を誘導します。腸骨の上前腸骨棘（じょうぜんちょうこつきょく）の辺りを支え、介助者の動きを伝えます。

　膝の崩れがあるような場合は、両手でベルトを持ちます。他の介助と同様持ち上げてはいけません。ベルトを持っても被介助者が気づかないように持ってください。

前のめりになっていく場合

　側方から介助します。介助者の片方の手は被介助者の腋窩を後方から支え、もう片方の手はウォーカーや歩行器が先に進んでいくのを止めます。

　両方の手でウォーカーが進んでいくのを制御し、被介助者の上体が起きるように介助します。

　※この方法は他の歩行器、歩行車の場合も同様です。

著者プロフィール

福辺節子（ふくべ　せつこ）

一般社団法人白新会　Natural being 代表理事
理学療法士・医科学修士・新潟医療福祉大学非常勤講師・介護支援専門員

　大学在学中に事故により左下肢を切断、義足となり、その後、理学療法士の資格を取る。

　介護・医療などの専門職に加え、家族など一般の人も対象とした「もう一歩踏み出すための介助セミナー」を主催する。施設や家庭でのリハビリテーション・介助のアドバイスを通じ、対象者の力と変化を引き出す、ワンランク上のケアの指導を目指す。

　介助の達人として、NHK「ためしてガッテン」やEテレ「楽ラクワンポイント介護」に出演。

　著書に『福辺流　力のいらない介助術』（中央法規出版）、『人生はリハビリテーションだ』（教育史料出版会）、監修『早引き　介護の基本技法ハンドブック』（ナツメ社）、『ユーキャンの介護術大百科』（ユーキャン学び出版）、共著『新しい介護学　生活づくりのシーティング』（雲母書房）、DVD『福辺流　力のいらない介助術 上巻・下巻』（介護労働安定センター）などがある。

福辺流　力と意欲を引き出す介助術

2017 年 8 月 10 日　発行

著　者 ……………… 福辺節子

発行者 ……………… 荘村明彦

発行所 ……………… 中央法規出版株式会社
　　　　　　　　　〒 110-0016　東京都台東区台東 3-29-1　中央法規ビル
　　　　　　　　　営　　業　TEL 03-3834-5817　FAX 03-3837-8037
　　　　　　　　　書店窓口　TEL 03-3834-5815　FAX 03-3837-8035
　　　　　　　　　編　　集　TEL 058-231-8744　FAX 058-231-8166
　　　　　　　　　https://www.chuohoki.co.jp/

装幀・本文デザイン ── 株式会社ジャパンマテリアル

印刷・製本 ……………… 株式会社アルキャスト

定価はカバーに表示してあります。
ISBN978-4-8058-5558-4

本書のコピー、スキャン、デジタル化等の無断複製は、著作権法上での例外を除き禁じられています。また、本書を代行業者等の第三者に依頼してコピー、スキャン、デジタル化することは、たとえ個人や家庭内での利用であっても著作権法違反です。
落丁本・乱丁本はお取り替えいたします。